Michael Feil

Das Morgenlob

Michael Feil

Das Morgenlob für Zuhause und die Gemeinde

Danke für diesen guten Morgen

kbw bibelwerk

Michael Feil, Diplom-Sozialpädagoge und promovierter Theologe, ist seit 2002 theologischer Referent im Sekretariat der Deutschen Bischofskonferenz und Geschäftsführer der Glaubenskommission. Unter anderem arbeitete er intensiv mit an der Familiensynode 2015. Obwohl er nicht gerade ein geborener Frühaufsteher ist, kümmert er sich regelmäßig um das Morgenlob in seiner Gemeinde und ist stets dankbar für den anschließenden Kaffee. Er lebt mit seiner Familie in Bonn.

Umschlaggestaltung: Finken & Bumiller, Stuttgart
Umschlagmotiv: © shutterstock.com, Nitr
Bilder im Innenteil: 13 © Volodymyr Martyniuk/shutterstock.com, 43 © owik2/photocase.com, 71 © horstgerlach/iStock.com, 99 © PPAMPicture/iStock.com, 129 © Jenny Sturm/shutterstock.com
Satz: wunderlichundweigand
Druck und Bindung: Finidr s.r.o., Lípová 1965,
737 01 Český Těšín, Czech Republic
Verlag: Verlag Katholisches Bibelwerk GmbH,
Silberburgstraße 121, 70176 Stuttgart

www.bibelwerk.de

ISBN 978-3-460-25604-0
Auch als E-Book erhältlich unter ISBN 978-3-460-51054-8

Inhalt

„Lehre mich deine Pfade“

Ein Stück zurückgehen

„Vor wem sollte ich mich fürchten?“

Den Sprung wagen

Einführung

Das Tagzeitengebet in der Gemeinde

„Wohl dem, der über die Weisung des Herrn nachsinnt bei Tag und bei Nacht." An diesen Gedanken, der ganz vorne im alttestamentlichen Buch der Psalmen steht, knüpft sich die Idee, den ganzen Tag mit Gebet und Lobpreis Gottes auszufüllen. Es gab zu früheren Zeiten Klöster, die das sehr wörtlich genommen und so etwas wie einen Schichtdienst fürs Gebet betrieben haben, damit es immer jemand im Haus weiterführt – bei Tag und bei Nacht.

Größere Verbreitung hat der Gedanke gefunden, den Tag mit einer Art Netz von Gebetszeiten zu überziehen, sodass man zu regelmäßigen Zeiten und an den „Eckpunkten" des Tages immer wieder das Alltagsgeschäft unterbricht, um sich neu zu besinnen.

Aus dieser Überlegung ist das Tagzeitengebet entstanden: Es beginnt mit der *Matutin* („früh morgens"), auch *Vigil* („Nachtwache") genannt, noch vor Sonnenaufgang, gefolgt vom Morgengebet, den *Laudes* („Lobpreisungen"). Über den Tag kommen die *Horen* („Stundengebete") und am Abend die *Vesper* („Abend"), gefolgt von der *Komplet* („Abschluss") am späteren Abend. Das volle Programm, das kann man sich vorstellen, ist ziemlich zeitaufwändig und war schon immer eher was für Klöster und Ordensleute. Für die „Weltgeistlichen", die nicht im Kloster leben, hat man deswegen eine etwas verkürzte Variante eingeführt, die man deshalb auch *Brevier* („Kurzgebet") nennt.

Darüber hinaus gibt es für „Normalchristen" natürlich auch die Möglichkeit, sich nur einen Teil davon herauszusuchen. Nach dem Motto „Lieber weniger als gar nichts" kann man sich eben auch auf ein Morgenlob oder ein Abendgebet begrenzen oder auch jeweils Teile davon herausgreifen. Es bleibt dann immer noch der Grundgedanke, dass es sinnvoll ist, sich wenigstens ein kleines Stück Zeit zu nehmen, um einmal in aller Ruhe einen Blick auf den geistlichen Kompass zu werfen, bevor man weiterrödelt.

Herzstück der 25 Morgenlob-Andachten in diesem Buch sind die Psalmen. Erst einmal sind dies uralte Gebetstexte. Sie entstammen dem gottesdienstlichen Gebrauch im alttestamentlichen Volk Israel. Über die genauen Ursprungsumstände wissen wir dabei ziemlich wenig. In der christlichen Kirche hat man die Psalmen seit jeher gebetet.

Das kann man auf unterschiedliche Weise tun. Man kann Psalmen für sich im Stillen beten, man kann sie vortragen wie einen Lesungstext, man kann sie in der Gruppe gemeinsam sprechen und man kann sie auch singen. Dabei ist das Psalmensingen eine eigene Kunst, die vor allem in den Klöstern über Jahrhunderte entwickelt wurde. Es gibt dafür Standardmelodien, *Psalmodien*, die dann auf die einzelnen Psalmverse „gelegt" werden. Eine Art Rahmen ergibt sich durch die Antiphon, einen Vers, mit einer eigenen Melodie, der als Beginn und als Abschluss gesungen wird. Wer sich dafür interessiert und sich etwas damit beschäftigt, wird das vielleicht auch in einer kleinen Gemeindegruppe hinbekommen. Etwas einfacher zu realisieren ist in diesem Kontext das Psalmbeten im Wechsel von zwei Gruppen.

Es funktioniert so: Ein Vorbeter spricht die Antiphon, alle zusammen wiederholen sie. Der Vorbeter liest den ersten

Halbvers und die erste Gruppe setzt mit dem zweiten Halbvers ein. Die zweite Gruppe betet den zweiten Vers, die erste Gruppe den dritten und so weiter. Am Ende sprechen alle miteinander noch einmal die Antiphon. Besonders schön finde ich es, wenn man jeweils nach dem ersten Halbvers eine ganz kurze Atempause macht. In den Psalmtexten gibt es dafür extra ein kleines Sternchen („Asteriscus") an der entsprechenden Stelle. Das ist am Anfang etwas gewöhnungsbedürftig, aber es gibt dem ganzen Gebet einen schönen Rhythmus und macht es zu einer Art Sprechgesang. Wenn es dabei gerade am Anfang mal etwas holpert, ist das überhaupt nicht schlimm. Unter uns: Ich habe auch schon erlebt, dass sich hohe Kardinäle beim Psalmgebet verhaspelt haben. Mit der Zeit kommt man aber gut rein. Insgesamt ist das Anliegen, wie es die liturgische Tradition so schön sagt, der „Einklang von Herz und Stimme".

Psalmen sind vielleicht fromm, aber brav sind sie nicht. Es geht in diesen Gebetstexten ganz schön zur Sache. Unverhohlen ist da schon mal von Gewalt, Rache, Blutvergießen, Krieg und Untergang die Rede. Den Feinden wird Tod und Verderben an den Hals gewünscht. Weshalb sollte man gerade solche Gebetstexte heute noch verwenden?

Klar ist, dass man schon so etwas wie einen Verstehenshorizont braucht, um mit diesen Texten zu hantieren. Man muss sich schon klar darüber bleiben, dass diese jahrtausendealten Texte aus einer anderen Zeit stammen. Aber es drückt sich in diesen Psalmen adererseits auch etwas aus, was die Jahrtausende überdauert hat und mir heute immer noch etwas sagen kann. Es sind gerade diese ungefilterten Gefühle und Emotionen, die der ursprüngliche Psalmbeter in seinem Gebet vor seinen Gott hinstellt. Er freut sich wie ein Kind über sein Glück und über die erfahrene Nähe Gottes. Er jubelt wie ein Lottogewinner über diesen wundervollen Gott, er ist tödlich betrübt und schreit seinen Schmerz heraus, er nimmt in seiner Verzweiflung kein Blatt vor den Mund, ja, er lässt auch seinem Zorn und seiner Wut freien Lauf. Er redet sich alles von der Seele, was sich dort so ansammelt. Das ist oft hinreißend und manchmal auch abstoßend. Aber ich glaube, es lohnt sich, sich dieser Gebetspower auszusetzen, sich damit zu konfrontieren, gerade in seiner Ursprünglichkeit, Unebenheit, Fremdheit und zugleich Altehrwürdigkeit. Ich finde es richtig inspirierend, diese Worte immer wieder neu herauszukramen. Wenn es dann doch heftig blutrünstig und wutschnaubend wird, dann hilft es mir persönlich, wenn ich in Gedanken zum Psalmisten so etwas sage: „Na, da sind die Gäule jetzt aber mit dir durchgegangen – das muss ich mir jetzt so nicht zu eigen machen, in so rauen Zeiten lebe ich Gott sei Dank nicht." Ich distanziere mich dann doch etwas vom Text – das darf man, auch wenn es die Bibel ist. Denn die Bibel ist selbst für den Gläubigen Gotteswort in Menschenwort – und Menschen vor Tausenden von Jahren konnten nicht immer den Ton treffen, der mir heute behagt.

Das Benedictus ist das besondere feststehende Gebet, das in jedem Morgenlob gesprochen wird. Das Pendent des Benedictus beim Abendlob ist dagegen das Magnificat. Das Benedictus gehört zu den sogenannten „Cantica", das heißt einfach, zu den Gebets- und Gesangstexten aus der Bibel, die nicht dem Buch der Psalmen entnommen sind. Das Benedictus entstammt dem Lukasevangelium (Lk 1,68–79). Dort gehört es zur Erzählung von der Geburt Johannes' des Täufers. Dessen Vater, der Tempelpriester Zacharias, erfährt im Tempel von einem Engel, dass ihm mit seiner Frau Elisabet trotz hohen Alters ein Sohn geboren wird. Zum Zeichen göttlicher Macht verliert Zacharias bis zur Geburt dieses Kindes die Sprache. Als er nach der Geburt des Johannes die Sprache wiedererlangt, bricht die Freude über Gottes Güte aus ihm hervor und er spricht ein Lobgebet, das mit den Worten beginnt: „Gepriesen (lat. benedictus) sei der Herr, der Gott Israels."

Die Idee ist also, dass das Benedictus im Morgenlob nach dem Schweigen der Nacht ertönen soll, wie es einst nach dem Schweigen des Zacharias ertönte.

So gibt es also ein ganz eigenes, feststehendes Element des Morgenlobs. Schön ist natürlich, auch dieses im Wechsel zu singen. Das braucht vielleicht ein wenig Übung, aber es ist nicht besonders schwierig und es gibt dem Morgenlob eine besonders festliche Note. Es hat dann ein bisschen was von klösterlichem Chorgesang.

Die spirituelle Tiefe und das Flair des Morgenlobs – etwa regelmäßig zur Fastenzeit – sind eine besondere Erfahrung. Damit es sich auch in der Gemeinde etabliert, ist auch ein guter Rahmen hilfreich. Schön ist es auf jeden Fall, wenn man eine Kirche dafür nutzen kann und sich nicht in irgendeinem Nebenzimmer trifft. Vielleicht eignet sich ja der Chorraum einer Kirche ganz gut dafür – der heißt ja nicht umsonst so. Wenn sich zwei Gruppen gegenübersitzen können, ist das optimal für das Psalmgebet im Wechsel.

„Wer betet, der soll auch essen!" Mit einem Augenzwinkern wohlgemerkt gab es diese Regel in einem Salesianerkonvent, in dem ich zu Studiumszeiten einmal in der Woche Gast bei einer „Jugendfrühschicht" war. Und bei aller Frömmigkeit sollte man die Bedeutung eines gemeinsamen Frühstücks nach dem Morgenlob nicht gering schätzen. Vielleicht lässt es sich in der ein oder anderen Gemeinde organisieren, dass sich jemand um einen gedeckten Frühstückstisch und um frische Brötchen kümmert. Dabei muss es gar nicht so üppig zugehen.

Es soll ja nicht in Schlemmerei ausufern. Irgendwer hat dann meistens auch noch ein paar Gläser selbst gemachte Marmelade im Schrank. Wichtig ist dabei, den Zeitplan gut auszutarieren. Diejenigen, die nicht mit der Gnade des Frühaufstehertums gesegnet sind, sollten nicht allzu sehr leiden müssen, andere müssen pünktlich bei der Arbeit sein.

Übrigens: Wer das Morgenlob für sich alleine betet, sollte ebenfalls danach ein Frühstück einplanen, damit es Teil des eigenen Tagesrhythmus wird.

Für viele Gläubige ist das Morgenlob so etwas wie der Proviant, der sie durch den Tag trägt – Proviant für die Seele!

Michael Feil

„Ein Tag sagt es dem andern"

Den Tag begrüßen

Der Freude eine Chance!

Freude ist immer etwas Besonderes. Sich ehrlich freuen zu können und anderen eine Freude machen zu können, ist ein Geschenk mitten im Leben. Es lohnt sich also, der Freude in Gedanken etwas nachzugehen.

Eröffnung

Liebe Schwestern und Brüder, stellen wir unser Morgenlob unter den Namen des Vaters, des Sohnes und des Heiligen Geistes. Amen.

Hymnus, GL 372

Singen wir zum Beginn miteinander als Hymnus das Lied:
Morgenstern der finstern Nacht

Psalm 65

Lasst uns miteinander den Psalm 65 beten:
Lobpreis auf den Retter und Schöpfer

Antiphon:
Du bist die Zuversicht aller Enden der Erde.

Dir ist Schweigen Lobgesang, Gott, auf dem Zion, *
    dir erfüllt man Gelübde.
Du erhörst das Bittgebet. *
    Alles Fleisch wird zu dir kommen.
Sündenlasten, die mir zu schwer sind, *
    unsere Frevel, nur du kannst sie sühnen.
Selig, den du erwählst und in deine Nähe holst, *
    in deinen Höfen darf er wohnen.
Wir wollen uns sättigen am Gut deines Hauses, *
    am heiligen Gut deines Tempels.
Furcht gebietende Taten vollbringst du
    und gibst uns Antwort in Gerechtigkeit, *
    du Gott unsrer Rettung,
du Zuversicht aller Enden der Erde *
    und der fernsten Gestade.
Du gründest die Berge in deiner Kraft, *
    du gürtest dich mit Stärke.
Du stillst das Brausen der Meere, *
    das Brausen ihrer Wogen, das Tosen der Völker.
Alle, die an den Enden der Erde wohnen, /
    erschauern vor deinen Zeichen; *
    das Kommen des Morgens und des Abends erfüllst du mit Jubel.
Du hast für das Land gesorgt, es getränkt, *
    es überschüttet mit Reichtum.
Der Bach Gottes ist voller Wasser, /
    gedeihen lässt du ihnen das Korn, *
    so lässt du das Land gedeihen.
Du hast seine Furchen getränkt, seine Schollen geebnet, *
    du machst es weich durch Regen, segnest seine Gewächse.
Du hast das Jahr mit deiner Güte gekrönt, *
    von Fett triefen deine Spuren.

In der Steppe prangen Auen, *
    es gürten sich die Höhen mit Jubel.
Die Weiden bekleiden sich mit Herden, /
    es hüllen sich die Täler in Korn. *
    Sie jauchzen, ja, sie singen.
Ehre sei dem Vater und dem Sohn *
    und dem Heiligen Geist
wie im Anfang, so auch jetzt und allezeit *
    und in Ewigkeit. Amen.

Antiphon:
Du bist die Zuversicht aller Enden der Erde.

Schriftlesung, Phil 4,4–9

Wir hören eine Schriftlesung aus dem Brief des Apostels Paulus an die Philipper:

Freut euch im Herrn zu jeder Zeit! Noch einmal sage ich: Freut euch! Eure Güte werde allen Menschen bekannt. Der Herr ist nahe. Sorgt euch um nichts, sondern bringt in jeder Lage betend und flehend eure Bitten mit Dank vor Gott! Und der Friede Gottes, der alles Verstehen übersteigt, wird eure Herzen und eure Gedanken in Christus Jesus bewahren. Im Übrigen, Brüder und Schwestern: Was immer wahrhaft, edel, recht, was lauter, liebenswert, ansprechend ist, was Tugend heißt und lobenswert ist, darauf seid bedacht! Und was ihr gelernt und angenommen, gehört und an mir gesehen habt, das tut! Und der Gott des Friedens wird mit euch sein.

Gedanken in den Tag

„Freu dich doch mal!“
„Lach doch mal!“
„Sei doch mal fröhlich!“
Kennen Sie solche gut gemeinten Aufforderungen? Wenn ja, dann wissen Sie wahrscheinlich auch, wie sehr so etwas nervt. Als ob man auf Befehl fröhlich sein könnte. Schlimm genug, wenn man für ein Foto gekünstelt grinsen soll, aber dann auch noch fröhlich sein und sich aufrichtig freuen?

Ein bisschen hört sich ja die Aufforderung von Paulus an die Philipper auch so an: „Freut euch!“ Was soll man davon halten? Paulus als Nervensäge? Zur Not hätte Paulus wohl auch diese Rolle eingenommen, wenn er es als nötig befunden hätte. Aber hier geht es vielleicht doch um etwas anderes. Es geht zuerst einmal um eine Art Erlaubnis: Ja, ihr dürft euch freuen, ihr müsst nicht Trübsal blasen und ihr braucht euch noch nicht mal Sorgen zu machen. Denn die Botschaft Jesu ist eine frohmachende und befreiende Botschaft. Ihr dürft als befreite Menschen leben. Und eure Sorgen dürft ihr vor Gott bringen. Er wird euch nicht vor allem Schlimmen bewahren, aber er fängt euch auf. Das ist anders als „Seid doch mal fröhlich!“, aber eine Herausforderung ist es noch immer.

Wie mache ich das denn heute so über den Tag? Als befreiter Mensch leben, der fröhlich sein darf. Natürlich kann ich nicht auf Befehl fröhlich sein. Aber etwas kann ich schon: Ich kann der Freude Raum geben in meinem Leben, ich kann zumindest versuchen, die Dinge nicht so verkniffen zu sehen. Ich kann ein kleines bisschen Gelassenheit üben und die eine oder andere Gelegenheit zum Ärgern und Aufregen vielleicht auch mal liegen lassen. „Und der Gott des Friedens wird mit euch sein!“

Stille

Gebet

Herr, gütiger Gott.
Wir bringen unsere Bitten vor dich
und vertrauen darauf, dass du für uns da bist.
Zwischen all den Sorgen und Nöten bitten wir dich:
Schaff uns Raum und schenk uns ein wenig Freude,
um diesen Raum zu erhellen.
Lass uns heute gelingen,
dass wir nicht nur Freude erfahren,
sondern auch Freude weiterschenken,
damit die Freude nicht erstirbt,
sondern von deinem Frieden kündet,
der alles Verstehen übersteigt.
Amen.

Benedictus, GL 624,5 und 7

Lasst uns miteinander das Benedictus beten/singen.

Vaterunser

Sprechen wir das Gebet des Herrn.

Segensworte

Bitten wir den Herrn um seinen Segen für uns an diesem Tag.

Herr,
segne uns,
wenn wir nun hinausgehen in unseren Alltag,
begleite uns mit deiner Freude
und mit deinem Frieden.
Das gewähre uns der dreieinige Gott,
der Vater und der Sohn und der Heilige Geist.
Amen.

Hoffnung geht irgendwie immer

Die Hoffnung stirbt zuletzt, sagt man so schön. Hoffnung ist eine unglaubliche Triebkraft. Sie beflügelt Menschen zu Unternehmungen, die man nicht für möglich halten würde. Beginnen wir den Tag mit einigen Gedanken zur Hoffnung!

Eröffnung

Liebe Schwestern und Brüder, stellen wir unser Morgenlob unter den Namen des Vaters, des Sohnes und des Heiligen Geistes. Amen.

Hymnus, GL 365

Singen wir zum Beginn miteinander als Hymnus das Lied:
Meine Hoffnung und meine Freude

Psalm 27

Lasst uns nun miteinander den Psalm 27 beten:
Leben in Gemeinschaft mit Gott

Antiphon:
Hoffe auf den HERRN, sei stark und fest sei dein Herz!

Der HERR ist mein Licht und mein Heil: *
Vor wem sollte ich mich fürchten?
Der HERR ist die Zuflucht meines Lebens: *
Vor wem sollte mir bangen?
Dringen Böse auf mich ein, *
um mein Fleisch zu verschlingen,
meine Bedränger und Feinde; *
sie sind gestrauchelt und gefallen.
Mag ein Heer mich belagern: *
Mein Herz wird nicht verzagen.
Mag Krieg gegen mich toben: *
Ich bleibe dennoch voll Zuversicht.
Eines habe ich vom HERRN erfragt, *
dieses erbitte ich:
im Haus des HERRN zu wohnen *
alle Tage meines Lebens;
die Freundlichkeit des HERRN zu schauen *
und nachzusinnen in seinem Tempel.
Denn er birgt mich in seiner Hülle am Tag des Unheils; /
er beschirmt mich im Versteck seines Zeltes, *
er hebt mich empor auf einen Felsen.
Nun kann ich mein Haupt erheben *
über die Feinde, die mich umringen.
So will ich Opfer darbringen in seinem Zelt, /
Opfer mit Jubel; *
dem HERRN will ich singen und spielen.
Höre, HERR, meine Stimme, wenn ich rufe; *
sei mir gändig und gib mir Antwort!
Mein Herz denkt an dich: Suchet mein Angesicht! *
Dein Angesicht, HERR, will ich suchen.

Verbirg nicht dein Angesicht vor mir; /
    weise deinen Knecht im Zorn nicht ab! *
    Du wurdest meine Hilfe.
Verstoß mich nicht, verlass mich nicht, *
    du Gott meines Heils!
Wenn mich auch Vater und Mutter verlassen, *
    der HERR nimmt mich auf.
Weise mir, HERR, deinen Weg, *
    leite mich auf ebener Bahn trotz meiner Feinde!
Gib mich nicht meinen gierigen Gegnern preis; *
    denn falsche Zeugen stehen gegen mich auf und wüten!
Ich aber bin gewiss, zu schauen *
    die Güte des HERRN im Land der Lebenden.
Hoffe auf den HERRN,
    sei stark und fest sei dein Herz! *
    Und hoffe auf den HERRN!
Ehre sei dem Vater und dem Sohn *
    und dem Heiligen Geist
wie im Anfang, so auch jetzt und allezeit *
    und in Ewigkeit. Amen.

Antiphon:
Hoffe auf den HERRN, sei stark und fest sei dein Herz!

Schriftlesung, Jes 40,1–5

Wir hören eine Schriftlesung aus dem Buch des Propheten Jesaja:

Tröstet, tröstet mein Volk, spricht euer Gott. Redet Jerusalem zu Herzen und ruft ihr zu, dass sie vollendet hat ihren Frondienst, dass gesühnt ist ihre Schuld, dass sie empfangen hat aus der Hand des HERRN Doppeltes für all ihre Sünden! Eine

Stimme ruft: In der Wüste bahnt den Weg des HERRN, ebnet in der Steppe eine Straße für unseren Gott! Jedes Tal soll sich heben, jeder Berg und Hügel sich senken. Was krumm ist, soll gerade werden, und was hüglig ist, werde eben. Dann offenbart sich die Herrlichkeit des HERRN, alles Fleisch wird sie sehen. Ja, der Mund des HERRN hat gesprochen.

Gedanken in den Tag

Dieser Text aus dem Jesajabuch ist ein Ausruf der Hoffnung. Das Volk Israel sitzt im Babylonischen Exil und hat fast alles verloren: die Heimat, die Freiheit, das Selbstvertrauen und nahezu auch den Glauben. Aber der Prophet, der hier spricht, zieht unter diese Verlustrechnung einen dicken Strich: seine Hoffnungsbotschaft. Nein, Gott hat euch nicht vergessen und es ist Zeit, dass ihr neu mit ihm aufbrecht in das Land eurer Väter.

Hoffnung ist eine starke, manchmal sogar unbändige Kraft im Menschen. Hoffnung setzt ungeahnte Kräfte frei und kann am Leben erhalten, wo eigentlich schon der Tod lauert.

Wenn ich über Hoffnung nachdenke, stelle ich immer wieder fest, dass die Hoffnung mir sehr wichtig ist. Mir ist auch schon die Ansicht begegnet, dass Hoffnung doch eine ziemlich schwammige und unklare Sache sei. Besser als unbestimmte Hoffnungen seien doch klare Erwartungen.

Ich mag an der Hoffnung aber besonders, dass sie gewissermaßen niedrigschwellig ist. Hoffnung muss gerade keine klare Erwartung, kein präzises Wissen und kein fest abgegrenzter Glaube sein. Hoffen darf man immer, sogar dann, wenn die Lage eigentlich hoffnungslos ist. Und der Prophet sagt mir das, was eigentlich die ganze Bibel immer wieder sagt: In Gottes Angesicht ist die Lage nie hoffnungslos, denn er wartet auf mich am Ende aller Hoffnungen. Das kann ich mit in meinen Tag nehmen.

Stille

Gebet

Herr, du hoffnungsspendender Urgrund unseres Daseins.
In der Hoffnung auf deine Güte kommen wir mit unseren Ängsten und Zweifeln zu dir und bitten dich:
Schenke du Hoffnung,
auch da, wo wir Menschen keinen Halt mehr finden,
wo kein Lichtstrahl mehr durch die Düsternis dringt
und wo sich in der Wand keine Tür mehr findet.
Sei du mit deiner Hoffnung gerade bei denen,
die verzweifelt und mutlos sind.
Lass sie die Stimme deines Propheten vernehmen:
„Tröstet, tröstet mein Volk, spricht euer Gott."
Amen.

Benedictus, GL 624,5 und 7

Lasst uns miteinander das Benedictus beten/singen.

Vaterunser

Sprechen wir das Gebet des Herrn.

Segensworte

Bitten wir den Herrn um seinen Segen für uns an diesem Tag.

Der Segen des Herrn komme herab auf uns
wie der Morgentau.
Er benetze unsere spröden Lippen
und nähre die Hoffnung in uns,
wenn wir durch unseren Tag gehen.
Das gewähre uns der dreieinige Gott,
der Vater und der Sohn und der Heilige Geist.
Amen.

Was mich umtreibt

Sehnsucht kann einem Menschen zusetzen. Sehnsucht nach einem anderen Menschen, Sehnsucht nach der Ferne oder Sehnsucht nach zu Hause, der Familie, den guten Zeiten im Leben. Sehnsucht lässt einen nicht zur Ruhe kommen, wenn sie einen gepackt hat.

Eröffnung

Liebe Schwestern und Brüder, stellen wir unser Morgenlob unter den Namen des Vaters, des Sohnes und des Heiligen Geistes. Amen.

Hymnus, GL 342

Singen wir zum Beginn miteinander als Hymnus das Lied:
Komm, Heilger Geist, der Leben schafft

Psalm 63

Lasst uns nun miteinander den Psalm 63 beten:
Sehnsucht nach Gott

Antiphon:
Ich gedenke deiner auf meinem Lager und sinne über dich nach, wenn ich wache.

Gott, mein Gott bist du, dich suche ich, *
    es dürstet nach dir meine Seele.
Nach dir schmachtet mein Fleisch *
    wie dürres, lechzendes Land ohne Wasser.
Darum halte ich Ausschau nach dir im Heiligtum, *
    zu sehen deine Macht und Herrlichkeit.
Denn deine Huld ist besser als das Leben. *
    Meine Lippen werden dich rühmen.
So preise ich dich in meinem Leben, *
    in deinem Namen erhebe ich meine Hände.
Wie an Fett und Mark wird satt meine Seele, *
    mein Mund lobt dich mit jubelnden Lippen.
Ich gedenke deiner auf meinem Lager *
    und sinne über dich nach, wenn ich wache.
Ja, du wurdest meine Hilfe, *
    ich juble im Schatten deiner Flügel.
Meine Seele hängt an dir, *
    fest hält mich deine Rechte.
Die mir nach dem Leben trachten, um mich zu vernichten, *
    sie müssen hinabfahren in die Tiefen der Erde.
Man gibt sie preis der Gewalt des Schwerts, *
    sie werden den Schakalen zur Beute.
Der König aber freue sich an Gott! /
    Wer bei ihm schwört, darf sich rühmen.*
    Doch allen Lügnern wird der Mund verschlossen.
Ehre sei dem Vater und dem Sohn *
    und dem Heiligen Geist
wie im Anfang, so auch jetzt und allezeit *
    und in Ewigkeit. Amen.

Antiphon:
Ich gedenke deiner auf meinem Lager und sinne über dich nach, wenn ich wache.

Schriftlesung, Hld 3,1–4

Wir hören eine Schriftlesung aus dem Hohelied:

Des Nachts auf meinem Lager suchte ich ihn, den meine Seele liebt. Ich suchte ihn und fand ihn nicht. Aufstehen will ich, die Stadt durchstreifen, die Gassen und Plätze, ihn suchen, den meine Seele liebt. Ich suchte ihn und fand ihn nicht. Mich fanden die Wächter bei ihrer Runde durch die Stadt. Habt ihr ihn gesehen, den meine Seele liebt? Kaum war ich an ihnen vorüber, fand ich ihn, den meine Seele liebt. Ich packte ihn, ließ ihn nicht mehr los, bis ich ihn ins Haus meiner Mutter brachte, in die Kammer derer, die mich geboren hat.

Gedanken in den Tag

Das ist ja einerseits sehr lebensnah beschrieben, andererseits aber doch auch ziemlich profan. Fast möchte man meinen, die Szenerie ist erotisch. Eine junge Frau wälzt sich auf ihrem Bett und kann nicht schlafen, weil sie solche Sehnsucht nach dem Geliebten hat. Sie steht auf und läuft durch die nächtliche Stadt, bis sie ihn findet und mit nach Hause nimmt. Wie kommt so was in die Bibel und was hat das mit Glauben zu tun? Diese Frage haben sich die Gelehrten und Theologen schon zu allen Zeiten gestellt und sie sind dabei immer wieder darauf zurückgekommen, dass hier in bildlicher Weise auch die Sehnsucht des Menschen nach Gott beschrieben ist, die Sehnsucht nach Geborgenheit, Glück, Heil, Güte. Eine Sehnsucht, die so groß ist, dass sie in dieser Welt einfach keine Erfüllung finden kann – denn immer bleibt etwas Unerfülltes übrig, immer fehlt ein Stück vom Glück. Die jüdisch-christliche Tradition hat in dieser unerfüllbaren Sehnsucht immer etwas sehr Positives gesehen: den Antrieb, weiterzusuchen, weiterzufragen nach dem, was es in dieser Welt nicht gibt, sich nicht selbstzufrieden zurückzulehnen. Es gilt zuerst einmal, bei sich selbst die Sehnsucht eines liebenden Menschen zu entdecken, die Sehnsucht danach, lieben zu dürfen und die Erwiderung dieser Liebe zu erfahren. Und dann mit dem Blick der Liebenden durch die Welt zu gehen.

Darin liegt eine wichtige Anregung: Spüren Sie Ihrer Sehnsucht nach, graben Sie sie aus unter dem Alltagsgetümmel. Nehmen Sie sich jetzt ein paar Momente dafür Zeit und nehmen Sie dieses Stückchen Sehnsucht, das da zum Vorschein kommt, ganz bewusst mit durch den Tag.

Stille

Gebet

Gott, der du uns liebst
und der du, wie die Bibel erzählt, Sehnsucht nach uns hast.
Erwecke in uns immer neu die Sehnsucht nach dir.
Bewahre uns vor Selbstzufriedenheit und Selbstgefälligkeit.
Lass uns immer neu die Sehnsucht nach dir spüren
und lass uns auch die Sehnsucht
in den Herzen unserer Mitmenschen nicht vergessen.
Führe und leite uns auf der Suche nach dir
und lass dich finden.
Amen.

Benedictus, GL 624, 5 und 7

Lasst uns miteinander das Benedictus beten/singen.

Vaterunser

Sprechen wir das Gebet des Herrn.

Segensworte

Bitten wir den Herrn um seinen Segen für uns an diesem Tag.

Herr, segne uns,
wenn wir hinausgehen auf die Straßen
und nach dir suchen in den Gassen unseres Alltags.
Begleite uns mit deinem Segen.
Das gewähre uns der dreieinige Gott,
der Vater, der Sohn und der Heilige Geist.
Amen.

Nötig wie Wasser

Durst ist ein uraltes Symbol für die Frage des Menschen nach Gott. Durst ist ein sehr starkes Gefühl, dass einem etwas fehlt. Aber warum sollte Gott einem fehlen? Gehen wir der Sache heute Morgen ein wenig nach.

Eröffnung

Liebe Schwestern und Brüder, stellen wir unser Morgenlob unter den Namen des Vaters, des Sohnes und des Heiligen Geistes. Amen.

Hymnus, GL 453

Singen wir zum Beginn miteinander als Hymnus das Lied:
Bewahre uns, Gott, behüte uns, Gott

Psalm 42

Lasst uns nun miteinander den Psalm 42 beten:
Sehnsucht nach dem lebendigen Gott

Antiphon:
Meine Seele dürstet allezeit nach Gott

Wie der Hirsch lechzt nach frischem Wasser, *
so lechzt meine Seele nach dir, Gott.
Meine Seele dürstet nach Gott, *
nach dem lebendigen Gott.

Wann darf ich kommen *
    und erscheinen vor Gottes Angesicht?
Meine Tränen sind mir Brot geworden bei Tag und bei Nacht; *
    man sagt zu mir den ganzen Tag: Wo ist dein Gott?
Ich denke daran und schütte vor mir meine Seele aus: *
    Ich will in einer Schar einherziehn.
Ich will in ihr zum Haus Gottes schreiten, /
    im Schall von Jubel und Dank*
    in festlich wogender Menge.
Was bist du bedrückt, meine Seele, *
    und was ächzt du in mir?
Harre auf Gott; /
    denn ich werde ihm noch danken *
    für die Rettung in seinem Angesicht.
Bedrückt ist meine Seele in mir, /
    darum gedenke ich deiner im Jordanland, *
    am Hermon, am Berg Mizar.
Flut ruft der Flut zu beim Tosen deiner stürzenden Wasser, *
    all deine Wellen und Wogen zogen über mich hin.
Bei Tag entbietet der HERR seine Huld /
    und in der Nacht ist sein Lied bei mir, *
    ein Gebet zum Gott meines Lebens.
Sagen will ich zu Gott, meinem Fels: /
    Warum hast du mich vergessen? *
    Warum muss ich trauernd einhergehn, von meinem Feind unterdrückt?
Es trifft mich zu Tode in meinen Gebeinen, /
    dass meine Bedränger mich verhöhnen,*
    da sie den ganzen Tag zu mir sagen: Wo ist dein Gott?
Was bist du bedrückt, meine Seele, *
    und was ächzt du in mir?
Harre auf Gott; /

denn ich werde ihm noch danken, *
der Rettung meines Angesichts und meinem Gott.
Ehre sei dem Vater und dem Sohn *
und dem Heiligen Geist
wie im Anfang, so auch jetzt und allezeit *
und in Ewigkeit. Amen.

Antiphon:
Meine Seele dürstet allezeit nach Gott.

Schriftlesung, Joh 4,6–15

Wir hören eine Schriftlesung aus dem Evangelium nach Johannes:

Dort befand sich der Jakobsbrunnen. Jesus war müde von der Reise und setzte sich daher an den Brunnen; es war um die sechste Stunde. Da kam eine Frau aus Samarien, um Wasser zu schöpfen. Jesus sagte zu ihr: Gib mir zu trinken! Seine Jünger waren nämlich in die Stadt gegangen, um etwas zum Essen zu kaufen. Die Samariterin sagte zu ihm: Wie kannst du als Jude mich, eine Samariterin, um etwas zu trinken bitten? Die Juden verkehren nämlich nicht mit den Samaritern. Jesus antwortete ihr: Wenn du wüsstest, worin die Gabe Gottes besteht und wer es ist, der zu dir sagt: Gib mir zu trinken!, dann hättest du ihn gebeten und er hätte dir lebendiges Wasser gegeben. Sie sagte zu ihm: Herr, du hast kein Schöpfgefäß und der Brunnen ist tief; woher hast du also das lebendige Wasser? Bist du etwa größer als unser Vater Jakob, der uns den Brunnen gegeben und selbst daraus getrunken hat, wie seine Söhne und seine Herden? Jesus antwortete ihr: Wer von diesem Wasser trinkt, wird wieder Durst bekommen; wer aber von dem Wasser trinkt, das ich ihm geben werde, wird niemals mehr Durst haben; vielmehr wird das Wasser, das ich ihm gebe, in ihm zu einer Quelle werden, deren Wasser ins ewige Leben fließt. Da sagte die Frau zu ihm: Herr, gib mir dieses Wasser, damit ich keinen Durst mehr habe und nicht mehr hierherkommen muss, um Wasser zu schöpfen!

Gedanken in den Tag

Das Gespräch am Brunnen kreist um das Thema Durst. Zunächst einmal ganz konkret. Zwei Menschen begegnen sich am Brunnen, weil sie durstig sind und trinken wollen. Das kann man sich ja heute gar nicht mehr so richtig vorstellen: Dass man erst zu einem Brunnen kommen muss, um den Durst zu stillen. Dennoch kenne ich in so mancher Lebenssituation das Gefühl schon noch: Ah, jetzt etwas Kühles zu trinken, das würde guttun. Im Gespräch am Brunnen geht es schon bald nicht nur um den leiblichen Durst. Der Durst ist von alters her ein Sinnbild für die Angewiesenheit des Menschen auf Gott. Im Psalm haben wir das gerade sehr eindringlich gebetet. Wie ein Hirsch, der nach Wasser lechzt, so lechzt meine Seele nach Gott. Auch Jesus spielt auf die Gottesbeziehung an: Wer sich zusammen mit ihm auf seinen Vater einlässt, der wird seinen Durst löschen können mit lebendigem Wasser – und dessen Seele wird keinen Durst mehr haben, sie wird an das Ziel gelangen: zu Gott, der der Seele Ruhe verschafft. Die Aussage Jesu ist natürlich ein Anruf an jeden, der diese Geschichte liest: Lasst euch auf Gott ein und ihr werdet sehen, er ist wie lebendiges Wasser!

Aber so einfach das hier auch klingt, in den Irrgärten des Lebens tue ich mich eben doch schwer, zu Gott zu finden. Und dann bin ich näher beim Psalmbeter als bei Jesus. In der Mystik von Theresa von Ávila und Johannes vom Kreuz gibt es den Gedanken, dass wir manchmal auch nachts durch die Gegend irren und dass dann unser Durst unser einziges Licht ist. Das ist zwar paradox, aber irgendwie auch tröstlich. Wenn ich auch immer wieder die Orientierung verliere, der Durst bleibt mir und treibt mich weiter, bis ich zur Quelle finde.

Stille

Gebet

Herr,
wir kommen zu dir
und bringen unseren Durst mit:
unsere unerfüllten Hoffnungen,
unser Wollen und Sehnen,
unsere Nöte, Sorgen und Ängste.
Wir bitten dich:
Lass uns teilhaben an deinem lebendigen Wasser
und lass uns auch für andere aus deiner Quelle schöpfen:
für die, die vergeblich suchen,
für die erschöpft sind und deren Durst keiner sehen will.
Amen.

Benedictus, GL 624,5 und 7

Lasst uns miteinander das Benedictus beten/singen.

Vaterunser

Sprechen wir das Gebet des Herrn.

Segensworte

Bitten wir den Herrn um seinen Segen für uns an diesem Tag.

Der Herr segne und begleite uns
auf unseren Wegen
und auf unserer Suche nach seinen Quellen.
Unser Durst sei uns Licht in der Dunkelheit
und Gottes Segen sei unser Geleit,
damit wir uns nicht verirren.
Das gewähre uns der dreieinige Gott,
der Vater, der Sohn und der Heilige Geist.
Amen.

Wie es sein könnte

Um mich mit dem zu befassen, was im täglichen Leben so „Sache ist", bräuchte ich kein Morgenlob. Dafür gibt es Erledigungslisten, Planungsgespräche, Briefings und Zielvereinbarungen. Aber wie ist es mit der Frage, wie es sein könnte? Was wäre mein Glück – über den Tag hinaus? Lasst uns darauf einen Blick werfen!

Eröffnung

Liebe Brüdern und Schwestern, stellen wir unser Morgenlob unter den Namen des Vaters, des Sohnes und des Heiligen Geistes. Amen.

Hymnus, GL 409

Singen wir zum Beginn miteinander als Hymnus das Lied:
Singt dem Herrn ein neues Lied

Psalm 23

Lasst uns nun miteinander den Psalm 23 beten:
Der gute Hirte

Antiphon:
Ich fürchte kein Unheil, denn du bist bei mir.

Der HERR ist mein Hirt, *
nichts wird mir fehlen.
Er lässt mich lagern auf grünen Auen *
und führt mich zum Ruheplatz am Wasser.
Meine Lebenskraft bringt er zurück. /
Er führt mich auf Pfaden der Gerechtigkeit, *
getreu seinem Namen.
Auch wenn ich gehe im finsteren Tal, *
ich fürchte kein Unheil;
denn du bist bei mir, *
dein Stock und dein Stab, sie trösten mich.
Du deckst mir den Tisch *
vor den Augen meiner Feinde.
Du hast mein Haupt mit Öl gesalbt, *
übervoll ist mein Becher.
Ja, Güte und Huld werden mir folgen mein Leben lang /
und heimkehren werde ich ins Haus des HERRN *
für lange Zeiten.
Ehre sei dem Vater und dem Sohn *
und dem Heiligen Geist
wie im Anfang, so auch jetzt und allezeit *
und in Ewigkeit. Amen.

Antiphon:
Ich fürchte kein Unheil, denn du bist bei mir.

Schriftlesung, Jes 52,7–10

Wir hören eine Schriftlesung aus dem Buch des Propheten Jesaja:

Wie willkommen sind auf den Bergen die Schritte des Freudenboten, der Frieden ankündigt, der eine frohe Botschaft bringt und Heil verheißt, der zu Zion sagt: Dein Gott ist König. Horch, deine Wächter erheben die Stimme, sie beginnen alle zu jubeln. Denn sie sehen mit eigenen Augen, wie der HERR nach Zion zurückkehrt. Brecht in Jubel aus, jauchzt zusammen, ihr Trümmer Jerusalems! Denn der HERR hat sein Volk getröstet, er hat Jerusalem erlöst. Der HERR hat seinen heiligen Arm vor den Augen aller Nationen entblößt und alle Enden der Erde werden das Heil unseres Gottes sehen.

Gedanken in den Tag

Frieden, Freude, Jubel, Heil. Der Text aus dem Prophetenbuch Jesaja hat etwas Überschäumendes. Er verkündet dem Volk Israel das herannahende Heil Gottes. Es ist dabei auch ein visionärer Text: So könnte es sein, das Glück. Die Verbannten kehren heim, die Ruinen werden wiederaufgebaut, die Menschen leben in Frieden miteinander und scharen sich um ihren Gott, ja, Gott ist unter ihnen anwesend, spürbar, erfahrbar, offenbar. Und alle anderen müssen einsehen: Ja, es ist eben doch etwas dran, an diesem Gott. Die, die an ihn glauben, sind keine Irrläufer und Fantasten.

Diese erlösende und glücklich machende Nähe Gottes kommt auch in dem berühmten Psalm 23 zum Ausdruck, den wir gerade gebetet haben. In großer Vertrautheit sagt der Psalmbeter zu seinem Gott: Du bist bei mir, deshalb brauche ich kein Unheil zu fürchten. Ich darf geborgen und sicher sein bei dir.

Bei aller Eindringlichkeit und bei allem Wohlklang dieser

Texte: Haben sie denn auch etwas mit mir, mit meinem Leben zu tun? Ist mein Menschenleben nicht viel zu sehr angefüllt mit Sorgen, Ängsten und Nöten? Und wenn es mir mal gut geht, sind da nicht so viele andere, die leiden und eben kein Glück genießen dürfen? Ja, realistisch sind diese visionären Texte wohl nicht. Und mit dem Glücklichsein ist das bei uns Menschen so eine Sache, die nicht lange hält.

Aber das Leben besteht ja auch nicht nur immer aus dem statistisch durchgerechneten Realismus. Die visionären Gedanken sind mindestens genauso wichtig. Und in diesem Sinn darf man die Heilsprophetie der Bibel auch mit in den Alltag nehmen: Es gibt eine Vision des Glücks und angesichts dieser Vision darf ich auch die kleinen Glücksmomente meines Lebens suchen und schätzen. Sie haben etwas von einem Vorgeschmack auf das, was Gott für uns in aller Endgültigkeit möchte.

Stille

Gebet

Gott, du bist unser Heil und unser Glück.
In den glücklichen Momenten unseres Lebens
begegnen wir auch dir.
Zu dir dürfen wir all das mitbringen,
was unser Glück beschwert und uns belastet.
Wir bitten dich für uns und besonders für alle,
die sich schwertun mit dem Glücklichsein.
Sei du mit uns und ihnen auf dem Weg,
ob er durch helle Höhen
oder durch dunkle Täler führt.
Amen.

Benedictus, GL 624,5 und 7

Lasst uns miteinander das Benedictus beten/singen.

Vaterunser

Sprechen wir das Gebet des Herrn.

Segensworte

Bitten wir den Herrn um seinen Segen für uns an diesem Tag.

Der Herr segne uns
und lasse das Licht seiner Güte über uns leuchten.
Er sei uns nahe mit seinem Segen
und schenke uns seinen Frieden.
Das gewähre uns der dreieinige Gott,
der Vater, der Sohn und der Heilige Geist.
Amen.

„Am Morgen hörst du mein Rufen"

Den Dingen ins Auge sehen

In all meiner Verwundbarkeit

Verwundbarkeit ist ein aktuelles Thema. Unter dem kompliziert daherkommenden Begriff der „Vulnerabilität" befassen sich viele Psychologen und auch Philosophen damit. Sie treffen dabei einen alten jüdisch-christlichen Gedanken. Aber hören Sie selbst!

Eröffnung

Liebe Schwestern und Brüder, stellen wir unser Morgenlob unter den Namen des Vaters, des Sohnes und des Heiligen Geistes. Amen.

Hymnus, GL 414

Singen wir zum Beginn miteinander als Hymnus das Lied:
Herr, unser Herr, wie bist du zugegen

Psalm 38

Lasst uns miteinander den Psalm 38 beten:
Klage eines Kranken

Antiphon:
Eile mir zu Hilfe, HERR, du mein Heil!

HERR, strafe mich nicht in deinem Zorn *
  und züchtige mich nicht in deinem Grimm!
Denn in mich herabgefahren sind deine Pfeile *
  und deine Hand fuhr auf mich nieder.
Nichts blieb gesund an meinem Fleisch, weil du mir grollst; *
  weil ich gesündigt, blieb an meinen Gliedern nichts heil.
Denn über den Kopf gewachsen sind mir meine Sünden, *
  sie erdrücken mich wie eine schwere Last.
Stinkend und eitrig wurden meine Wunden *
  wegen meiner Torheit.
Ich habe mich gekrümmt, bin tief gebeugt, *
  den ganzen Tag ging ich trauernd einher.
Denn meine Lenden waren voller Brand, *
  nichts blieb gesund an meinem Fleisch.
Kraftlos bin ich geworden, ganz zerschlagen, *
  ich schrie in der Qual meines Herzens.
HERR, all mein Sehnen liegt offen vor dir, *
  mein Seufzen war dir nicht verborgen.
Mein Herz pochte heftig, meine Kraft hat mich verlassen, *
  das Licht meiner Augen, auch sie sind erloschen.
Freunde und Gefährten bleiben mir fern in meinem Unglück *
  und meine Nachbarn blieben mir fern.
Die mir nach dem Leben trachten, legten mir Schlingen; /
  die mein Unheil suchen, planten Verderben *
  und den ganzen Tag haben sie Arglist im Sinn.
Ich bin wie ein Tauber, der nicht hört, *
  wie ein Stummer, der den Mund nicht auftut.
Ich wurde wie einer, der nicht hören kann, *
  aus dessen Mund keine Entgegnung kommt.
Doch auf dich, HERR, habe ich geharrt; *
  du bist es, der mir antwortet, Herr, du mein Gott.
Denn ich sagte: Über mich sollen sie sich nicht freuen, *

die gegen mich groß tun, wenn meine Füße straucheln.
Ja, ich bin dem Fallen nahe, *
immer ist vor mir mein Schmerz.
Ja, ich bekenne meine Schuld, *
ich bin wegen meiner Sünde in Angst.
Meine Feinde sind voller Leben und Kraft; *
viele hassen und täuschen mich.
Sie vergelten mir Gutes mit Bösem, *
sie sind mir feind; denn ich trachte nach dem Guten.
Verlass mich nicht, HERR, /
mein Gott, bleib mir nicht fern! *
Eile mir zu Hilfe, HERR, du mein Heil!
Ehre sei dem Vater und dem Sohn *
und dem Heiligen Geist
wie im Anfang, so auch jetzt und allezeit *
und in Ewigkeit. Amen.

Antiphon:
Eile mir zu Hilfe, HERR, du mein Heil!

Schriftlesung, Jes 53,1–5

Wir hören eine Schriftlesung aus dem Buch des Propheten Jesaja:

Wer hat geglaubt, was wir gehört haben? Der Arm des HERRN – wem wurde er offenbar? Vor seinen Augen wuchs er auf wie ein junger Spross, wie ein Wurzeltrieb aus trockenem Boden. Er hatte keine schöne und edle Gestalt, sodass wir ihn anschauen mochten. Er sah nicht so aus, dass wir Gefallen fanden an ihm. Er wurde verachtet und von den Menschen gemieden, ein Mann voller Schmerzen, mit Krankheit vertraut. Wie einer, vor dem man das Gesicht verhüllt, war er verachtet; wir schätzten ihn nicht. Aber er hat unsere Krankheit getragen und unsere Schmerzen auf sich geladen. Wir meinten, er sei von Gott geschlagen, von ihm getroffen und gebeugt. Doch er wurde durchbohrt wegen unserer Vergehen, wegen unserer Sünden zermalmt. Zu unserem Heil lag die Züchtigung auf ihm, durch seine Wunden sind wir geheilt.

Gedanken in den Tag

Die Texte, die wir gebetet und gehört haben, begegnen uns mit allerhand Eigenarten. Manchmal erscheinen sie uns sogar ziemlich fremd. Gott zu bitten, dass er mich nicht strafen und mir nichts Schlimmes zufügen möge – das ist zuerst einmal ein Gedanke, der mir querläuft. Mein Gott ist doch kein strafender Gott! Was soll der Text also? Vielleicht muss ich ihn eher von der Gefühlswelt des Psalmbeters her sehen: Da ist ein Mensch, dem es ziemlich mies geht. Er hat sehr heftig erfahren, wie verwundbar er ist.

Solche Situationen kenne ich auch und ich glaube, so geht es fast jedem in manchen Zeiten des Lebens. Und dann kenne ich schon das Stoßgebet: „Was willst du mir denn noch alles schicken? Wann hört das denn endlich auf?“ Schnell bin ich dann dabei, mit meinem Schicksal und mit meinem Gott zu zetern und zu rechten.

Wenn diese Zeiten hinter mir liegen und ich wieder klarer sehen kann, dann kann ich auch wieder denken: Ja, es ist schon auch sinnvoll, dass ich meine Grenzen erfahre und dass ich mir bewusst mache, wie verletzlich ich bin. Das macht mich bescheidener und zufriedener, aber es ändert auch meinen Blick auf die anderen. Mir wird klar, dass auch die anderen verletzlich sind. Wir sind nie nur die strahlenden Supertypen, auch wenn es uns gut geht. Wir sind auch nie absolute Versager, nur weil uns etwas misslingt und wir verzweifelt sind.

Spätestens da kommt der merkwürdige Jesajatext ins Spiel. Es geht auch da um einen, der verletzlich und verwundet ist. Er wird als Knecht Gottes bezeichnet und von ihm wird gesagt, dass die Leute ihn missachtet haben. Dann aber heißt es, dass er dabei völlig verkannt wurde, denn seine Verletzlichkeit war nicht Ausdruck von Schwäche und Verworfenheit, sondern von Stärke und Nähe zu Gott.

Es ist nicht leicht, diesen etwas dunklen Text zu deuten. Die Kirche hat ihn immer stark auf Jesus Christus bezogen. Auf jeden Fall bricht sich hier ein Gedanke Bahn, der den Christen sehr geholfen hat, Leid und Tod Jesu zu verstehen. Denn in Gottes Augen zählen nicht Kraft, Macht und Stärke. Sein Geist findet sich da, wo Menschen zuerst nur Schwäche, Verletzlichkeit und schließlich Versagen sehen. Das ist ein starker Impuls, mit einem anderen Blick durch den Tag zu gehen.

Stille

Gebet

Herr, barmherziger Gott,
du weißt, dass wir schwache und verletzliche Wesen sind.
Wir bitten dich besonders für unsere Mitmenschen,
die Leid, Schmerz und Verzweiflung erfahren.
Stehe du ihnen bei und fange sie und uns auf, wenn wir fallen.
Öffne uns die Augen für deine Wirklichkeit,
in der etwas anderes zählt
als das, was wir Erfolg nennen.
Amen.

Benedictus, GL 624,5 u. 7

Lasst uns miteinander das Benedictus beten/singen.

Vaterunser

Sprechen wir das Gebet des Herrn.

Segensworte

Bitten wir den Herrn um seinen Segen für uns an diesem Tag.

Der Herr, unser barmherziger Vater,
segne und behüte uns.
Sein Segen sei uns Schutz und Schirm
in allem, was das Leben uns abverlangt.
Das gewähre uns der dreieinige Gott,
der Vater und der Sohn und der Heilige Geist.
Amen.

Im Dunkeln

Zu den Urerfahrungen des Menschen gehört die Dunkelheit. Ein Blick auf das menschliche Leben wäre einseitig und unvollständig, würde er nicht auch auf die Dunkelheit fallen, die dieses Leben mitbestimmt.

Eröffnung

Liebe Schwestern und Brüder, stellen wir unser Morgenlob unter den Namen des Vaters, des Sohnes und des Heiligen Geistes. Amen.

Hymnus, GL 450

Singen wir zum Beginn miteinander als Hymnus das Lied:
Gottes Wort ist wie Licht in der Nacht

Psalm 88

Lasst uns nun miteinander den Psalm 88 beten:
Klage eines Vereinsamten im Angesicht des Todes

Antiphon:
Werden deine Wunder in der Finsternis erkannt,
deine Gerechtigkeit im Land des Vergessens?

HERR, du Gott meiner Rettung, *
am Tag und in der Nacht schrei ich vor dir.
Lass mein Bittgebet vor dein Angesicht kommen, *
neige dein Ohr meinem Rufen!
Denn mit Leid ist meine Seele gesättigt, *
mein Leben berührt die Totenwelt.
Schon zähle ich zu denen, die hinabsteigen in die Grube, *
bin wie ein Mensch, in dem keine Kraft mehr ist.
Ausgestoßen unter den Toten, *
wie Erschlagene, die im Grab liegen,
derer du nicht mehr gedenkst, *
abgeschnitten sind sie von deiner Hand.
Du brachtest mich in die unterste Grube, *
in Finsternisse, in Tiefen.
Auf mir lastet dein Grimm, *
mit all deinen Wogen drückst du mich nieder.
Entfernt hast du von mir meine Vertrauten, *
zum Abscheu machtest du mich ihnen.
Gefangen bin ich und komm nicht heraus. *
Mein Auge erlischt vor Elend.
Den ganzen Tag, HERR, ruf ich zu dir, *
ich strecke nach dir meine Hände aus.
Wirst du an den Toten Wunder tun, *
werden Schatten aufstehn, um dir zu danken?
Erzählt man im Grab von deiner Huld, *
von deiner Treue im Totenreich?
Werden deine Wunder in der Finsternis erkannt, *
deine Gerechtigkeit im Land des Vergessens?
Ich aber, HERR, ich schreie zu dir um Hilfe, *
am Morgen komme zu dir mein Bittgebet.
Warum, HERR, verstößt du mich, *
verbirgst vor mir dein Angesicht?

Elend bin ich, ein Sterbender von Jugend an, *
ich trage deine Schrecken und erstarre.
Über mich fuhr dahin die Glut deines Zorns, *
deine Schrecken haben mich vernichtet.
Sie umfluten mich den ganzen Tag wie Wasser, *
sie dringen auf mich ein von allen Seiten.
Entfernt hast du von mir Freunde und Nachbarn, *
mein Vertrauter ist nur noch die Finsternis.
Ehre sei dem Vater und dem Sohn *
und dem Heiligen Geist
wie im Anfang, so auch jetzt und allezeit *
und in Ewigkeit. Amen.

Antiphon:
Werden deine Wunder in der Finsternis erkannt,
deine Gerechtigkeit im Land des Vergessens?

Schriftlesung, Jer 13,15–17

Wir hören eine Schriftlesung aus dem Buch des Propheten Jeremia:

Hört und merkt auf! Seid nicht hochmütig; denn der HERR redet. Erweist dem HERRN, eurem Gott, die Ehre, bevor er es dunkel werden lässt, bevor eure Füße sich stoßen auf Bergen der Dämmerung. Wartet ihr dann auf das Licht – er verwandelt es in Finsternis und macht es zur Dunkelheit. Wenn ihr aber darauf nicht hört, so muss ich im Verborgenen weinen über den Hochmut und mein Auge muss ohne Unterlass Tränen vergießen, da die Herde des HERRN weggeführt wird.

Gedanken in den Tag

Dunkelheit ist eine Urerfahrung des Menschen – eine Urerfahrung, die heute aber immer seltener wird. Wann haben Sie es zum letzten Mal erlebt, dass es um Sie herum stockduster war? In unserer zivilisierten Welt können wir das ganz gut vermeiden, und selbst wer es beim Schlafen gerne richtig dunkel hat, weiß, wo er schnell den Lichtschalter findet. Dunkelheit ist aber nicht nur eine Frage der Optik. Dunkelheit gehört auch im übertragenen Sinn zum Leben. Da gibt es die Zeiten, wo man den Eindruck hat, dass es um einen herum düster wird, wenn die Lichtstrahlen der Freude ausbleiben oder wenn man jemand verliert, der einem Licht ins Leben gebracht hat. Dunkelheit bedeutet Sorge, Angst, Orientierungslosigkeit und Todesnähe.

Auch in den Texten dieses Morgens spielt die Dunkelheit eine große Rolle: sei es, dass der Psalmbeter sich bei Gott über die Dunkelheit in seinem Leben beklagt und um Erbarmen bittet; sei es, dass der Prophet Jeremia seinem Volk droht: Wenn ihr nicht auf Gott hört, dann wird es aber finster um euch! Gemeinsam ist beiden Texten die unausgesprochene Zuversicht: Gott kann die Dunkelheit überwinden, er kann mich ins Licht führen.

Mit diesem „Haltepunkt" ist es vielleicht nicht mehr ganz so erschreckend, sich der Dunkelheit zu stellen: Wo sind meine Dunkelheiten? Was macht mir Sorgen und was droht das Licht in meinem Leben zu verschlucken? Vielleicht nutzen Sie ein paar Augenblicke der Stille, um sich diese Fragen zu stellen, bevor wir sie miteinander ins Gebet bringen.

Stille

Gebet

Herr, wir fürchten die Dunkelheit
und sorgen uns, was in der Finsternis aus uns wird.
An diesem Morgen bitten wir dich:
Vertreibe das Dunkel in deiner Liebe und Güte.
Schenke uns Menschen, die uns Licht sind,
und stärke uns, dass wir selbst anderen solche
Lichtbringer werden.
Amen.

Benedictus, GL 624,5 und 7

Lasst uns miteinander das Benedictus beten/singen.

Vaterunser

Sprechen wir das Gebet des Herrn.

Segensworte

Bitten wir den Herrn um seinen Segen für uns an diesem Tag.

Der Segen des Allmächtigen
komme auf uns herab,
er erleuchte unseren Tag wie die aufgehende Sonne
und bewahre uns in allen Finsternissen
wie ein Stern, der Orientierung gibt.
Das gewähre uns der dreieinige Gott,
der Vater und der Sohn und der Heilige Geist.
Amen.

Wenn es mir die Kehle zuschnürt

Angst schnürt einem die Kehle zu, sagt man. Vor was auch immer ich Angst habe – es macht mich beklommen und unfrei. Die Verheißung des Glaubens ist das Aufatmen, die Befreiung von meiner Angst.

Eröffnung

Liebe Schwestern und Brüder, stellen wir unser Morgenlob unter den Namen des Vaters, des Sohnes und des Heiligen Geistes. Amen.

Hymnus, GL 286

Singen wir zum Beginn miteinander als Hymnus das Lied:
Bleibet hier und wachet mit mir

Psalm 30

Lasst uns nun miteinander den Psalm 30 beten:
Dank für Rettung aus Todesnot

Antiphon:
Höre, HERR, und sei mir gnädig! HERR, sei du mein Helfer!

Ich will dich erheben, HERR, /
denn du zogst mich herauf *
und ließest nicht zu, dass meine Feinde sich über mich freuen.
HERR, mein Gott, ich habe zu dir geschrien *
und du heiltest mich.
HERR, du hast meine Seele heraufsteigen lassen aus der Totenwelt, *
hast mich am Leben erhalten, sodass ich nicht in die Grube hinabstieg.
Singt und spielt dem HERRN, ihr seine Frommen, *
dankt im Gedenken seiner Heiligkeit!
Denn sein Zorn dauert nur einen Augenblick, *
doch seine Güte ein Leben lang.
Wenn man am Abend auch weint, *
am Morgen herrscht wieder Jubel.
Im sicheren Glück dachte ich einst: *
Ich werde niemals wanken.
HERR, in deiner Güte hast du meinen Berg gefestigt. *
Du hast dein Angesicht verborgen. Da bin ich erschrocken.
Zu dir, HERR, will ich rufen *
und zu meinem Herrn um Gnade flehn:
Was nützt dir mein Blut, wenn ich zum Grab hinuntersteige? *
Kann Staub dich preisen, deine Treue verkünden?
Höre, HERR, und sei mir gnädig! *
HERR, sei du mein Helfer!
Du hast mein Klagen in Tanzen verwandelt, /
mein Trauergewand hast du gelöst *
und mich umgürtet mit Freude,
damit man dir Herrlichkeit singt und nicht verstummt. *
HERR, mein Gott, ich will dir danken in Ewigkeit.
Ehre sei dem Vater und dem Sohn *
und dem Heiligen Geist

wie im Anfang, so auch jetzt und allezeit *
und in Ewigkeit. Amen.

Antiphon:
Höre, HERR, und sei mir gnädig! HERR, sei du mein Helfer!

Schriftlesung, Mt 26,36–39

Wir hören eine Schriftlesung aus dem Evangelium nach Matthäus:

Darauf kam Jesus mit ihnen zu einem Grundstück, das man Getsemani nennt, und sagte zu den Jüngern: Setzt euch hier, während ich dorthin gehe und bete! Und er nahm Petrus und die beiden Söhne des Zebedäus mit sich. Da ergriff ihn Traurigkeit und Angst und er sagte zu ihnen: Meine Seele ist zu Tode betrübt. Bleibt hier und wacht mit mir! Und er ging ein Stück weiter, warf sich auf sein Gesicht und betete: Mein Vater, wenn es möglich ist, gehe dieser Kelch an mir vorüber. Aber nicht wie ich will, sondern wie du willst.

Gedanken in den Tag

Das Gebet Jesu im Garten Getsemani ist eine der Ursituationen der Angst im Evangelium. Ihn selbst, der stets so unerschrocken auftrat, ihn, den Herrn, überkommt die Todesangst. Und wer könnte auch von sich selbst behaupten, dass er sie nicht kennt, die Situationen, in denen die Angst über einen kommt, die Situationen, wo es einem schwarz vor Augen zu werden droht, wo es einem ganz schlecht wird, es einem die Kehle zuschnürt und einem der Angstschweiß auf die Stirn tritt: Oh Gott, wie soll das alles werden? Was kommt jetzt auf mich zu? Wie wird das enden?

Angst ist bedrückend, lähmend und verwirrend. Kein Wunder, dass die Angst fast immer mit einem inneren Hilfeschrei verbunden ist: Hol mich doch einer hier raus! „Herr, mein Gott, ich habe zu dir geschrien“, sagt der Psalmbeter und auch Jesus bittet um Verschonung. Jesus ist das Leid und auch der Tod nicht erspart geblieben. Aber in seinem Leiden gab es, so berichten die Evangelien, neben der Angst auch das zuversichtliche Vertrauen auf die Rettung und das Heil in Gott, seinem und unserem Vater.

Wenn Sie in Ihren Tag hinausgehen, dann wird Ihnen die Begegnung mit Dingen, die Angst machen, nicht erspart bleiben. Aber vielleicht gelingt es ja, durch alle Ängste hindurch etwas davon mitzunehmen, wovon auch der Psalm spricht: „Du zogst mich herauf!“

Stille

Gebet

Gott, wenn wir zu dir kommen,
so, wie wir sind,
dann bringen wir auch unsere Ängste mit.
Ängste vor dem Unheil, dem Unglück und dem Bösen.
Ängste, die uns bedrücken
und uns das Gehen schwer machen.
Wir bitten dich für alle, denen die Angst
die Luft zum Atmen nimmt,
befreie sie und befreie uns,
schenke uns den freien Atem
zu deinem Lobgesang.
Amen.

Benedictus, GL 624,5 und 7

Lasst uns miteinander das Benedictus beten/singen.

Vaterunser

Sprechen wir das Gebet des Herrn.

Segensworte

Bitten wir den Herrn um seinen Segen für uns an diesem Tag.

Der Herr, der uns die Angst nimmt,
segne und behüte uns,
damit wir vor ihm unseren Weg gehen
und in seinem Segen spüren,
dass wir nicht alleine sind.
Das gewähre uns der dreieinige Gott,
der Vater und der Sohn und der Heilige Geist,
Amen.

Im Angesicht von Leid und Tod

Leid und Tod sind Prüfsteine jedes Glaubens. Beten geschieht irgendwie immer im Angesicht von Leid und Tod. Das gilt natürlich auch für dieses Morgenlob. Sehen wir den Dingen ins Auge.

Eröffnung

Liebe Schwestern und Brüder, stellen wir unser Morgenlob unter den Namen des Vaters, des Sohnes und des Heiligen Geistes. Amen.

Hymnus, GL 460

Singen wir zum Beginn miteinander als Hymnus das Lied:
Wer leben will wie Gott

Psalm 22

Lasst uns nun miteinander den Psalm 22 beten:
Gottverlassenheit und Rettung des todgeweihten Armen

Antiphon:
Herr, halte dich nicht fern!

Mein Gott, mein Gott, warum hast du mich verlassen, *
bleibst fern meiner Rettung, den Worten meines Schreiens?
Mein Gott, ich rufe bei Tag, doch du gibst keine Antwort; *
und bei Nacht, doch ich finde keine Ruhe.
Aber du bist heilig, *
du thronst über dem Lobpreis Israels.
Dir haben unsere Väter vertraut, *
sie haben vertraut und du hast sie gerettet.
Zu dir riefen sie und wurden befreit, *
dir vertrauten sie und wurden nicht zuschanden.
Ich aber bin ein Wurm und kein Mensch, *
der Leute Spott, vom Volk verachtet.
Alle, die mich sehen, verlachen mich, *
verziehen die Lippen, schütteln den Kopf:
Wälze die Last auf den HERRN! Er soll ihn befreien, *
er reiße ihn heraus, wenn er an ihm Gefallen hat!
Du bist es, der mich aus dem Schoß meiner Mutter zog, *
der mich anvertraut der Brust meiner Mutter.
Von Geburt an bin ich geworfen auf dich, *
vom Mutterleib an bist du mein Gott.
Sei mir nicht fern, denn die Not ist nahe *
und kein Helfer ist da!
Viele Stiere haben mich umgeben, *
Büffel von Baschan mich umringt.
Aufgesperrt haben sie gegen mich ihren Rachen, *
wie ein reißender, brüllender Löwe.
Hingeschüttet bin ich wie Wasser, *
gelöst haben sich all meine Glieder,
mein Herz ist geworden wie Wachs, *
in meinen Eingeweiden zerflossen.

Meine Kraft ist vertrocknet wie eine Scherbe, /
die Zunge klebt mir am Gaumen, *
du legst mich in den Staub des Todes.
Denn Hunde haben mich umlagert, /
eine Rotte von Bösen hat mich umkreist. *
Sie haben mir Hände und Füße durchbohrt.
Ich kann all meine Knochen zählen; *
sie gaffen und starren mich an.
Sie verteilen unter sich meine Kleider *
und werfen das Los um mein Gewand.
Du aber, HERR, halte dich nicht fern! *
Du, meine Stärke, eile mir zu Hilfe!
Entreiß mein Leben dem Schwert, *
aus der Gewalt der Hunde mein einziges Gut!
Rette mich vor dem Rachen des Löwen *
und vor den Hörnern der Büffel! – /
Du hast mir Antwort gegeben.
Ich will deinen Namen meinen Brüdern verkünden, *
inmitten der Versammlung dich loben.
Ehre sei dem Vater und dem Sohn *
und dem Heiligen Geist
wie im Anfang, so auch jetzt und allezeit *
und in Ewigkeit. Amen.

Antiphon:
Herr, halte dich nicht fern!

Schriftlesung, 1 Kor 1,20b–25

Wir hören eine Schriftlesung aus dem ersten Brief des Apostels Paulus an die Korinther:

Hat Gott nicht die Weisheit der Welt als Torheit entlarvt? Denn da die Welt angesichts der Weisheit Gottes auf dem Weg ihrer Weisheit Gott nicht erkannte, beschloss Gott, alle, die glauben, durch die Torheit der Verkündigung zu retten. Die Juden fordern Zeichen, die Griechen suchen Weisheit. Wir dagegen verkünden Christus als den Gekreuzigten: für Juden ein Ärgernis, für Heiden eine Torheit, für die Berufenen aber, Juden wie Griechen, Christus, Gottes Kraft und Gottes Weisheit. Denn das Törichte an Gott ist weiser als die Menschen und das Schwache an Gott ist stärker als die Menschen.

Gedanken in den Tag

Machen wir uns nichts vor: Für die Christen aller Zeiten war die Passion, das Leiden und Sterben Jesu, aber auch das Leiden und Sterben an sich, immer eine Herausforderung.

Schmerz, Leid und Tod sind die großen, fast möchte man meinen: übergroßen, Schattenseiten des menschlichen Lebens. Wie viel Schönes und Gutes ich im Leben auch erfahre, welch glückliche Augenblicke ich auch immer erleben darf: Es hängt immer ein Damoklesschwert darüber, es fällt der Schatten des menschlichen Elends darauf. Schon im nächsten Augenblick kann alle Herrlichkeit in sich zusammenfallen, können Krankheiten, Unfälle, der Tod geliebter Menschen und zuletzt der eigene Tod über mich kommen. Die christliche Erlösungsbotschaft lautet ganz offensichtlich nicht: Damit ist jetzt ein für alle Mal Schluss, das bleibt euch jetzt erspart. Man kann lange darüber nachgrübeln und sich das Hirn zermartern, warum das so ist. Es bleibt am Ende immer Fakt, dass wir Menschen mitten im Leben vom Tod umfangen sind, wie es in einem alten Choral so eindrucksvoll heißt. Was bleibt aber dann?

Die Christen aller Zeiten haben mit Paulus eine Hoffnung in all der Verzweiflung entdeckt: Da, wo wir Menschen mit unserer Weisheit am Ende sind, ist für Gott nicht Schluss. Da, wo wir nur noch Torheit, Widersinn und Sinnlosigkeit sehen, kann Gottes Weisheit noch das Gute bewirken, das alles Leid und Elend überwindet. Da, wo die Menschen einen Hingerichteten sehen, den man zu Tode gequält hat, lässt Gottes Liebe seinen Sohn nicht im Tod, sondern erweckt ihn zur Auferstehung. Und in diese Liebe Gottes bin ich, sind Sie mit hineingenommen. Diese Liebe erspart nicht die Passion, aber sie entzündet das Licht der Hoffnung, dass am Ende aller Passion die Auferstehung steht.

Ich weiß schon, so etwas zu sagen, ist ein schmaler Grat. Schnell hört es sich nach frommem Gerede an. Aber hat jemand eine bessere Hoffnung?

Stille

Gebet

Herr, unser Gott,
wir kommen zu dir,
denn wir wüssten nicht,
wohin sonst wir uns wenden könnten.
In allem Leid, allem Schmerz
und im Angesicht des Todes
schenkst du allein Hoffnung.
Wir bitten dich für jede und jeden von uns Menschen,
der Leid erfährt und dem Tod gegenübersteht.

Stell ein Licht auf
und schenk uns Vertrauen in deine Güte,
Amen.

Benedictus, GL 624,5 und 7

Lasst uns miteinander das Benedictus beten/singen.

Vaterunser

Sprechen wir das Gebet des Herrn.

Segensworte

Bitten wir den Herrn um seinen Segen für uns an diesem Tag.

Der barmherzige Vater,
der jedem verzweifelt Suchenden entgegengeht,
segne uns und behüte uns,
er erhebe sein Angesicht über uns
und schenke uns in seinem Segen die Zuversicht,
die durch alles Leid und allen Schmerz trägt.
Das gewähre uns der dreieinige Gott,
der Vater und der Sohn und der Heilige Geist.
Amen.

Du fehlst mir!

Jeder von uns hat seine eigenen Erfahrungen mit dem Verlust geliebter Menschen. Auf je eigene Weise kennen wir alle die Leere, die bleibt, wenn ein Mensch stirbt, den wir gemocht, geschätzt, geliebt haben. Lasst uns diesen Teil des Lebens mit ins Gebet hineinnehmen.

Eröffnung

Liebe Schwestern und Brüder, stellen wir unser Morgenlob unter den Namen des Vaters, des Sohnes und des Heiligen Geistes. Amen.

Hymnus, GL 271

Singen wir zum Beginn miteinander als Hymnus das Lied:
O Herr, aus tiefer Klage

Psalm 130

Lasst uns nun miteinander den Psalm 130 beten:
Hilferuf aus tiefer Not

Antiphon:
Aus der Tiefe rufe ich, HERR, zu dir,
höre, o HERR, meine Stimme!

Aus den Tiefen rufe ich, HERR, zu dir:
Mein Herr, höre doch meine Stimme! *
Lass deine Ohren achten auf mein Flehen um Gnade.
Würdest du, HERR, die Sünden beachten, *
mein Herr, wer könnte bestehn?
Doch bei dir ist Vergebung, *
damit man in Ehrfurcht dir dient.
Ich hoffe auf den HERRN, es hofft meine Seele, *
ich warte auf sein Wort.
Meine Seele wartet auf meinen Herrn /
mehr als Wächter auf den Morgen, *
ja, mehr als Wächter auf den Morgen.
Israel, warte auf den HERRN, /
denn beim HERRN ist die Huld, *
bei ihm ist Erlösung in Fülle.
Ja, er wird Israel erlösen *
aus all seinen Sünden.
Ehre sei dem Vater und dem Sohn *
und dem Heiligen Geist
wie im Anfang, so auch jetzt und allezeit *
und in Ewigkeit. Amen.

Antiphon:
Aus der Tiefe rufe ich, HERR, zu dir,
höre, o HERR, meine Stimme!

Schriftlesung, Klg 2,10–11

Wir hören eine Schriftlesung aus dem Buch der Klagelieder:

Am Boden sitzen, verstummt, die Ältesten der Tochter Zion, streuen sich Staub aufs Haupt, legen Trauerkleider an. Zu Boden senken den Kopf die Mädchen von Jerusalem. Meine Augen ermatten vor Tränen, mein Inneres glüht, meine Leber ist zu Boden geschüttet wegen des Zusammenbruches der Tochter, meines Volkes, da Kind und Säugling verschmachten auf den Plätzen der Stadt.

Gedanken in den Tag

Das sind sehr ausdrucksvolle Bilder der Trauer, die in der Lesung aus dem Buch der Klagelieder gezeichnet werden: Auf dem Boden sitzen, sich Staub aufs Haupt streuen, Trauerkleider tragen, die Augen ermattet vom Weinen. Trauer ist eine Art Ausnahmezustand und wird hier, wie in vielen anderen religiösen Traditionen, auch so zum Ausdruck gebracht. In der heutigen Gesellschaft ist kaum etwas davon übrig. Wer trägt schon noch Trauerkleidung? Vielleicht fehlt da manchmal auch die Möglichkeit, etwas von der Trauer herauszulassen. Das Gefühl, in der Tiefe zu sitzen und aus der Tiefe zu rufen, ist ja da, wenn ich einen geliebten Menschen verloren habe. Das Gefühl, verlassen zu sein, und das Gefühl, jemanden zu vermissen, dessen lebendige Nähe ich doch so gerne noch spüren würde. Manchmal ist es laut und aufwühlend, manchmal ist es ein leiser Schmerz oder ein melancholisches Sehnen. Nach den Kategorien der Alltagswelt bleibt da nichts, als sich wieder hochzurappeln und den Weg weiterzugehen: „Es muss ja!“ Und: „Es wird schon wieder werden!“

Der christliche Glaube ist mit der Verheißung verbunden, dass der Abschied von den geliebten Menschen, die gestorben sind, kein endgültiger Abschied ist. Klar, die Vorstellung, dass wir uns einst alle wiedersehen, wird schnell als naive Vertröstung kritisiert. Aber mal ehrlich: Was sollten tiefe persönliche Beziehungen und Bindungen, wenn sie einfach so abbrächen? Bleibt da nicht immer ein unaufgelöster Rest? Bleibt da nicht immer eine Sehnsucht, es möge doch anders sein? Wir Menschen wissen nicht, was uns im Tod erwartet. Aber die Hoffnung, dass die Sehnsucht zuletzt nicht ins Leere geht, ist für Christen kein naives Wunschdenken. Deshalb darf ich hoffen, so wie die Wächter auf den Morgen hoffen. Und in dieser Hoffnung darf ich auch an meine geliebten Verstorbenen denken und mit ihnen durch den Tag gehen.

Stille

Gebet

Herr, alles dürfen wir vor dich hintragen,
auch unsere Trauer und unsere Klage,
wenn wir die vermissen,
die im Tod von uns gegangen sind!
Herr, für sie bitten wir dich,
für die Toten, deren Andenken wir im Herzen tragen,
aber auch für die, an die keiner mehr denkt.
Nimm sie auf in dein Leben und deine Liebe,
die stärker sind als der Tod.
Und lass uns dereinst vereint sein in dir.
Amen.

Benedictus, GL 624,5 und 7

Lasst uns miteinander das Benedictus beten/singen.

Vaterunser

Sprechen wir das Gebet des Herrn.

Segensworte

Bitten wir den Herrn um seinen Segen für uns an diesem Tag.

Der barmherzige Gott,
der in seiner Liebe seinen Sohn nicht im Tod gelassen hat,
segne uns und behüte uns
auch in unserer Trauer.
Sein Segen sei uns Trost,
damit wir nicht in die Irre gehen.
Das gewähre uns der dreieinige Gott,
der Vater und der Sohn und der Heilige Geist.
Amen.

„Wie ein Baum gepflanzt an Bächen voll Wasser“

Zutrauen fassen zu sich selbst

Seine Stimme hören

Kann ich auf meine innere Stimme hören? Kann ich darin sogar den Anruf Gottes entdecken? Oder mach ich dann einfach nur, was ich gerade so will? Die Menschen aller Zeiten hat diese Frage beschäftigt. Nehmen wir sie ins Gebet!

Eröffnung

Liebe Schwestern und Brüder, stellen wir unser Morgenlob unter den Namen des Vaters, des Sohnes und des Heiligen Geistes. Amen.

Hymnus, GL 389

Singen wir zum Beginn miteinander als Hymnus das Lied:
Dass du mich einstimmen lässt

Psalm 16

Lasst uns nun miteinander den Psalm 16 beten:
Gott, Anteil und Leben seiner Getreuen

Antiphon:
Du lässt mich den Weg des Lebens erkennen.

Behüte mich, Gott, denn bei dir habe ich mich geborgen! /
Ich sagte zum HERRN: Mein Herr bist du, *
mein ganzes Glück bist du allein.
An den Heiligen, die im Land sind, *
an den Herrlichen habe ich all mein Gefallen:
Zahlreich sind die Schmerzen derer, die einem anderen Gott nacheilen. /
Ich will ihre Trankopfer von Blut nicht spenden, *
ich nehme ihre Namen nicht auf meine Lippen.
Der HERR ist mein Erbanteil, er reicht mir den Becher, *
du bist es, der mein Los hält.
Die Messschnur fiel mir auf liebliches Land. *
Ja, mein Erbe gefällt mir.
Ich preise den HERRN, der mir Rat gibt, *
auch in Nächten hat mich mein Innerstes gemahnt.
Ich habe mir den HERRN beständig vor Augen gestellt, *
weil er zu meiner Rechten ist, wanke ich nicht.
Darum freut sich mein Herz und jubelt meine Ehre, *
auch mein Fleisch wird wohnen in Sicherheit.
Denn du überlässt mein Leben nicht der Totenwelt; *
du lässt deinen Frommen die Grube nicht schauen.
Du lässt mich den Weg des Lebens erkennen. /
Freude in Fülle vor deinem Angesicht, *
Wonnen in deiner Rechten für alle Zeit.
Ehre sei dem Vater und dem Sohn *
und dem Heiligen Geist
wie im Anfang, so auch jetzt und allezeit *
und in Ewigkeit. Amen.

Antiphon:
Du lässt mich den Weg des Lebens erkennen.

Schriftlesung, Röm 2,12–16

Wir hören eine Schriftlesung aus dem Brief des Apostels Paulus an die Römer:

Denn die ohne das Gesetz sündigten, werden auch ohne das Gesetz zugrunde gehen, und die unter dem Gesetz sündigten, werden durch das Gesetz gerichtet werden. Denn nicht die sind vor Gott gerecht, die das Gesetz hören, sondern die das Gesetz tun; die werden für gerecht erklärt werden. Denn wenn Heiden, die das Gesetz nicht haben, von Natur aus das tun, was im Gesetz gefordert ist, so sind sie, die das Gesetz nicht haben, sich selbst Gesetz. Sie zeigen damit, dass ihnen die Forderung des Gesetzes ins Herz geschrieben ist; ihr Gewissen legt Zeugnis davon ab, ihre Gedanken klagen sich gegenseitig an und verteidigen sich – an jenem Tag, an dem Gott, wie ich es in meinem Evangelium verkünde, das, was im Menschen verborgen ist, durch Jesus Christus richten wird.

Gedanken in den Tag

Diese Textstelle aus dem Römerbrief ist so etwas wie ein Klassiker. Es geht darum, woher Menschen eigentlich wissen, was sie richtigerweise tun sollen. Paulus spricht hier von zwei Möglichkeiten: Entweder die Menschen werden über das Gesetz, also die Gebote der Bibel, unterrichtet oder sie folgen der Forderung, die Gott ihnen ins Herz gelegt hat – ihrem Gewissen. Nun ist das mit dem Gewissen ja so eine Sache: Kann ich mich auf meine „innere Stimme" wirklich verlassen? Ist sie nicht einfach Ausdruck meines eigenen Wunschdenkens? Oder ist sie das „Über-Ich", das andere mir eingeredet und anerzogen haben? Ich glaube, dass dieses Bild von der „inneren Gerichtsverhandlung", das hier bei Paulus auch anklingt, eine ganz gute Beschreibung des Gewissens ist.

Wenn ich vor einer Entscheidung stehe, dann ist es mit Sicherheit ganz gut, erst einmal die Fakten zu sammeln, die Zeugen anzuhören. Und dann müssen die Gedanken Zeit und Raum haben, miteinander zu verhandeln, sich anzuklagen und sich zu verteidigen. Wichtig ist dabei, dass auch die Gegenseite, also die Entscheidungsmöglichkeit, die mir nicht so gut gefällt, sorgfältig angehört wird. Wenn ich dann am Schluss versuche, ein verantwortungsvolles offenherziges Urteil zu fällen, dann sind die Chancen für eine aufrichtige Entscheidung, hinter der ich dann auch angesichts der Konsequenzen stehen kann, schon ziemlich gut. Dann kann ich auch aus ganzem Herzen sagen: Gott, ich vertraue mich dir an, du lässt mich den Weg des Lebens erkennen. In dieser Überzeugung darf ich losmarschieren, in meinen Tag hinein.

Stille

Gebet

Barmherziger Gott,
wir vertrauen auf dich
und wir vertrauen darauf,
dass wir in der Stimme unseres Gewissens
deine Stimme zu hören vermögen,
dass das Gewissen der innere Ort ist,
an dem wir dir begegnen dürfen.
Wir bitten dich um dein Geleit
und deine Wegweisung, gerade dann,
wenn uns die Entscheidungen schwerfallen.
Wir bitten dich auch für alle,
die mit schwerwiegenden Konsequenzen leben müssen.
Amen.

Benedictus, GL 624,5 und 7
Lasst uns miteinander das Benedictus beten/singen.

Vaterunser
Sprechen wir das Gebet des Herrn.

Segensworte
Bitten wir den Herrn um seinen Segen für uns an diesem Tag.

Gott, der Herr,
lege seinen Segen in unser Herz,
auf dass er unser Inneres erfülle.
Er möge bei uns sein mit seinem Segen,
damit wir unter den vielen Stimmen
seine Stimme hören.
Das gewähre uns der dreieinige Gott,
der Vater und der Sohn und der Heilige Geist.
Amen.

Ein freies Ja sagen

Freiheit ist ein Wort mit einem unglaublichen Pathos: verherrlicht, ersehnt, beschworen und umkämpft. Auch der Glaube ist auf die Freiheit angewiesen. Denn er baut auf ein freies Ja des Menschen, ohne das er wertlos ist. Lasst uns gemeinsam ein freies Lob Gottes erheben!

Eröffnung

Liebe Schwestern und Brüder, stellen wir unser Morgenlob unter den Namen des Vaters, des Sohnes und des Heiligen Geistes. Amen.

Hymnus, GL 428

Singen wir zum Beginn miteinander als Hymnus das Lied:
Herr, dir ist nichts verborgen

Psalm 139

Lasst uns nun miteinander den Psalm 139 beten:
Leben in Gottes Allgegenwart

Antiphon:
Du bist vertraut mit all meinen Wegen.

HERR, du hast mich erforscht und kennst mich. /
    Ob ich sitze oder stehe, du kennst es. *
    Du durchschaust meine Gedanken von fern.
Ob ich gehe oder ruhe, du hast es gemessen. *
    Du bist vertraut mit all meinen Wegen.
Ja, noch nicht ist das Wort auf meiner Zunge, *
    siehe, HERR, da hast du es schon völlig erkannt.
Von hinten und von vorn hast du mich umschlossen, *
    hast auf mich deine Hand gelegt.
Zu wunderbar ist für mich dieses Wissen, *
    zu hoch, ich kann es nicht begreifen.
Wohin kann ich gehen vor deinem Geist, *
    wohin vor deinem Angesicht fliehen?
Wenn ich hinaufstiege zum Himmel – dort bist du; *
    wenn ich mich lagerte in der Unterwelt – siehe, da bist du.
Nähme ich die Flügel des Morgenrots, *
    ließe ich mich nieder am Ende des Meeres,
auch dort würde deine Hand mich leiten *
    und deine Rechte mich ergreifen.
Würde ich sagen: Finsternis soll mich verschlingen *
    und das Licht um mich soll Nacht sein!
Auch die Finsternis ist nicht finster vor dir, /
    die Nacht leuchtet wie der Tag, *
    wie das Licht wird die Finsternis.
Du selbst hast mein Innerstes geschaffen, *
    hast mich gewoben im Schoß meiner Mutter.
Ich danke dir, dass ich so staunenswert und wunderbar
    gestaltet bin.*
    Ich weiß es genau: Wunderbar sind deine Werke.
Dir waren meine Glieder nicht verborgen, /
    als ich gemacht wurde im Verborgenen, *
    gewirkt in den Tiefen der Erde.

Als ich noch gestaltlos war, *
    sahen mich bereits deine Augen.
In deinem Buch sind sie alle verzeichnet: die Tage, *
    die schon geformt waren, als noch keiner von ihnen da war.
Wie kostbar sind mir deine Gedanken, Gott! *
    Wie gewaltig ist ihre Summe!
Wollte ich sie zählen, sie sind zahlreicher als der Sand. *
    Ich erwache und noch immer bin ich bei dir.
Wolltest du, Gott, doch den Frevler töten! *
    Ihr blutgierigen Menschen, weicht von mir!
Sie nennen dich in böser Absicht, *
    deine Feinde missbrauchen deinen Namen.
Sollen mir nicht verhasst sein, HERR, die dich hassen, *
    soll ich die nicht verabscheuen, die sich gegen dich erheben?
Ganz und gar sind sie mir verhasst, *
    auch mir wurden sie zu Feinden.
Erforsche mich, Gott, und erkenne mein Herz, *
    prüfe mich und erkenne meine Gedanken!
Sieh doch, ob ich auf dem Weg der Götzen bin, *
    leite mich auf dem Weg der Ewigkeit!
Ehre sei dem Vater und dem Sohn *
    und dem Heiligen Geist
wie im Anfang, so auch jetzt und allezeit *
    und in Ewigkeit. Amen.

Antiphon:
Du bist vertraut mit all meinen Wegen.

Schriftlesung, 1 Petr 2,15–16

Wir hören eine Schriftlesung aus dem ersten Petrusbrief:

Denn es ist der Wille Gottes, dass ihr durch eure guten Taten die Unwissenheit unverständiger Menschen zum Schweigen bringt. Handelt als Freie, ohne die Freiheit als Deckmantel der Bosheit zu benutzen, sondern als Knechte Gottes!

Gedanken in den Tag

Der Psalm, den wir gebetet haben, hat zwei Seiten. Da ist zum einen diese innige Vertrautheit und Nähe. Du, Gott, sagt der Psalmbeter, bist mir innerlicher und näher, als ich es mir selbst bin. Du kennst mich durch und durch, dir brauche ich nichts vorzumachen. Aber andererseits ist da auch diese unabschüttelbare Anwesenheit Gottes. Ich kann nirgends hingehen, wo du nicht schon wärst. Ich kann mich vor dir nicht verstecken und kann dir auch nichts vormachen. Das mögen manche als bedrohlich und geradezu aufdringlich empfinden. Und ja, es wäre auch bedrohlich, wenn dieser präsente und nahe Gott nicht zugleich der wäre, der meine Freiheit will.

Der mittelalterliche Theologe und Philosoph Thomas von Aquin hat sich sehr viel mit der Freiheit des Menschen beschäftigt. Und er hatte dabei ein Lieblingsbibelzitat, auf das er immer wieder hinweist. Es stammt aus dem alttestamentlichen Buch Jesus Sirach. Dort heißt es über Gott: „Er selbst hat am Anfang den Menschen gemacht und hat ihn der Macht seiner Entscheidung überlassen“ (Sir 15,14).

Gott möchte, dass der Mensch, sein Geschöpf, ein freies Wesen ist. Leichter gesagt als getan, kann man da vielleicht einwenden. An so einem ganz normalen Tag begegnet mir genug, was mich unfrei macht, was mich in Sachzwänge und Vorgaben einspannt. Und trotzdem trifft mich das Wort der Lesung: Handelt als Freie, ohne die Freiheit als Deckmantel für die Bosheit zu benutzen. Also, auch wenn es nicht leicht ist, will ich versuchen, meine Freiheit gut zu nutzen. Gott, der meine Freiheit will, ist mir dabei nahe.

Stille

Gebet

Gott, unser Vater,
du willst, dass wir in Freiheit Ja zu dir sagen.
Wir bitten dich für alle Menschen,
die sich nach Freiheit sehnen,
weil sie so viel Unfreiheit erfahren müssen.
Wir bitten dich für uns selbst,
dass wir die Freiheit in uns entdecken
und dass es uns gelingt,
aus dieser Freiheit etwas zu machen,
das zu einem gelebten Ja
zu dir und deiner Güte wird.
Amen.

Benedictus, GL 624,5 und 7

Lasst uns miteinander das Benedictus beten/singen.

Vaterunser

Sprechen wir das Gebet des Herrn.

Segensworte

Bitten wir den Herrn um seinen Segen für uns an diesem Tag.

Herr,
dein Segen sei für uns
wie die Flügel des Morgenrots,
die uns tragen bis ans Ende des Meeres.
Und wohin wir auch gelangen,
dort sei dein Segen mit uns.
Das gewähre uns der dreieinige Gott,
der Vater und der Sohn und der Heilige Geist.
Amen.

Was mir Atem gibt

Wenn ich einem Menschen begegne, der mir signalisiert: „Ich respektiere und achte dich, ich erkenne dich an!", dann tut mir das unmittelbar gut. Dabei können diese Signale ganz verschieden aussehen: ein wertschätzendes Wort, ein freundlicher Blick, eine zuvorkommende Geste. Achtung tut gut und hat immer irgendwie auch etwas von einem „Wink vom lieben Gott".

Eröffnung

Liebe Schwestern und Brüder, stellen wir unser Morgenlob unter den Namen des Vaters, des Sohnes und des Heiligen Geistes. Amen.

Hymnus, GL 470

Singen wir zum Beginn miteinander als Hymnus das Lied:
Wenn das Brot, das wir teilen, als Rose blüht

Psalm 8

Lasst uns nun miteinander den Psalm 8 beten:
Die Herrlichkeit des Schöpfers –
Die Würde des Menschen

Antiphon:
Was ist der Mensch, dass du seiner gedenkst?

HERR, unser Herr, /
wie gewaltig ist dein Name auf der ganzen Erde,*
der du deine Hoheit gebreitet hast über den Himmel.
Aus dem Mund der Kinder und Säuglinge hast du ein Bollwerk errichtet /
wegen deiner Gegner, *
um zum Einhalten zu bringen Feind und Rächer.
Seh ich deine Himmel, die Werke deiner Finger, *
Mond und Sterne, die du befestigt:
Was ist der Mensch, dass du seiner gedenkst, *
des Menschen Kind, dass du dich seiner annimmst?
Du hast ihn nur wenig geringer gemacht als Gott, *
du hast ihn gekrönt mit Pracht und Herrlichkeit.
Du hast ihn als Herrscher eingesetzt über die Werke deiner Hände, *
alles hast du gelegt unter seine Füße:
Schafe und Rinder, sie alle *
und auch die wilden Tiere,
die Vögel des Himmels und die Fische im Meer, *
was auf den Pfaden der Meere dahinzieht.
HERR, unser Herr, *
wie gewaltig ist dein Name auf der ganzen Erde!
Ehre sei dem Vater und dem Sohn *
und dem Heiligen Geist
wie im Anfang, so auch jetzt und allezeit *
und in Ewigkeit. Amen.

Antiphon:
Was ist der Mensch, dass du seiner gedenkst?

Schriftlesung, Mk 14,3–7

Wir hören eine Schriftlesung aus dem Evangelium nach Markus:

Als Jesus in Betanien im Haus Simons des Aussätzigen zu Tisch war, kam eine Frau mit einem Alabastergefäß voll echtem, kostbarem Nardenöl, zerbrach es und goss das Öl über sein Haupt. Einige aber wurden unwillig und sagten zueinander: Wozu diese Verschwendung? Man hätte das Öl um mehr als dreihundert Denare verkaufen und das Geld den Armen geben können. Und sie fuhren die Frau heftig an. Jesus aber sagte: Hört auf! Warum lasst ihr sie nicht in Ruhe? Sie hat ein gutes Werk an mir getan. Denn die Armen habt ihr immer bei euch und ihr könnt ihnen Gutes tun, sooft ihr wollt; mich aber habt ihr nicht immer.

Gedanken in den Tag

Ein eindrucksvoller Psalm, den wir da gebetet haben und eine nicht weniger eindrucksvolle Begegnung mit Jesus, über die in der eben gehörten Schriftstelle berichtet wird. Die beiden Texte verhalten sich zueinander fast wie Theorie und Praxis. Der Psalm spricht von der Würde des Menschen, die Gott ihm verliehen hat. Gott hat den Menschen nur wenig geringer gemacht als sich selbst, so sagt der Psalm vollmundig, und Gott nimmt sich des Menschenkindes an. Das finde ich besonders eindringlich. Ist das nicht ein wundervolles Bild für die Würde des Menschen?

Die Lesung erzählt von einer Frau, die Jesus eine besondere Wohltat, eine außergewöhnliche Ehrung erweist und dafür beschimpft werden soll. Jesus widerspricht dieser Geringschätzung und Missachtung der Frau: Er erweist ihr Achtung.

Achtung und Würde sind eng miteinander verknüpft.

Achtung ist die Haltung, die der Würde des Gegenübers entspricht. Jesus achtet die Frau und ihre Gabe. Er sieht in ihr den Menschen, den Gott nur wenig geringer als sich selbst geschaffen hat.

Ich kann mir sehr gut vorstellen, was in der Frau vorging. Ich kann mich gut hineinversetzen in ihre Lager, in der sie mutig gehandelt und Missachtung erfahren hat – und ich kann mir vorstellen, was die Achtung Jesu in ihr auslöst.

Am Ende dieser Gedanken steht die Einladung an Sie: Gehen Sie heute durch ihren Tag und achten Sie darauf, wer ihnen begegnet. Achten Sie darauf, dass es Menschen sind, derer Gott gedenkt und derer Kinder er sich annimmt. Vielleicht ändert das ja hier oder da Ihren Blick.

Stille

Gebet

Herr, du schaust auf uns
und nimmst uns an,
deshalb dürfen wir auch mit unseren Anliegen zu dir kommen.
Wir bitten dich heute besonders für die vielen Menschen,
deren Würde missachtet wird,
weil sie schwach sind
und nicht die Macht haben,
sich selbst zu schützen und Achtung einzufordern.
Wenn von uns keiner auf sie schaut,
dann schau du sie an in deiner Güte
und nimm dich deiner Kinder an.
Amen.

Benedictus, GL 624,5 und 7

Lasst uns miteinander das Benedictus beten/singen.

Vaterunser

Sprechen wir das Gebet des Herrn.

Segensworte

Bitten wir den Herrn um seinen Segen für uns an diesem Tag.

Gott, du unser Schöpfer,
dein Segen komme herab auf uns
wie das Salböl,
das Könige und Propheten salbt,
das die Ringkämpfer schützt
und die Wunden heilt.
Das gewähre uns der dreieinige Gott,
der Vater und der Sohn und der Heilige Geist.
Amen.

Sich nach Frieden sehnen

Kaum etwas wird von den Menschen guten Willens so schmerzlich vermisst und herbeigesehnt wie der Friede. Und es ist schlimm, wenn der Friede leichtfertig aufs Spiel gesetzt wird. Es gehört deshalb zu den uralten Menschheitstraditionen, um Frieden zu beten.

Eröffnung

Liebe Schwestern und Brüder, stellen wir unser Morgenlob unter den Namen des Vaters, des Sohnes und des Heiligen Geistes. Amen.

Hymnus, GL 458

Singen wir zum Beginn miteinander als Hymnus das Lied:
Selig seid ihr

Psalm 85

Lasst uns nun miteinander den Psalm 85 beten:
Bitte um Frieden und Gerechtigkeit

Antiphon:
Es begegnen einander Huld und Treue;
Gerechtigkeit und Frieden küssen sich.

Du hast wieder Gefallen gefunden, HERR, an deinem Land, *
du hast Jakobs Unglück gewendet.
Du hast deinem Volk die Schuld vergeben, *
all seine Sünden zugedeckt.
Du hast zurückgezogen deinen ganzen Grimm, *
du hast dich abgewendet von der Glut deines Zorns.
Wende dich uns zu, du Gott unsres Heils, *
lass von deinem Unmut gegen uns ab!
Willst du uns ewig zürnen, *
soll dein Zorn dauern von Geschlecht zu Geschlecht?
Willst du uns nicht wieder beleben, *
dass dein Volk an dir sich freue?
Lass uns schauen, HERR, deine Huld *
und schenk uns dein Heil!
Ich will hören, was Gott redet: *
Frieden verkündet der HERR
seinem Volk und seinen Frommen, *
sie sollen sich nicht zur Torheit wenden.
Fürwahr, sein Heil ist denen nahe, die ihn fürchten, *
seine Herrlichkeit wohne in unserm Land.
Es begegnen einander Huld und Treue; *
Gerechtigkeit und Friede küssen sich.
Treue sprosst aus der Erde hervor; *
Gerechtigkeit blickt vom Himmel hernieder.
Ja, der HERR gibt Gutes *
und unser Land gibt seinen Ertrag.
Gerechtigkeit geht vor ihm her *
und bahnt den Weg seiner Schritte.

Ehre sei dem Vater und dem Sohn *
    und dem Heiligen Geist
wie im Anfang, so auch jetzt und allezeit *
    und in Ewigkeit. Amen.

Antiphon:
Es begegnen einander Huld und Treue;
Gerechtigkeit und Frieden küssen sich.

Schriftlesung, Jes 11,6–9

Wir hören eine Schriftlesung aus dem Buch des Propheten Jesaja:

Der Wolf findet Schutz beim Lamm, der Panther liegt beim Böcklein. Kalb und Löwe weiden zusammen, ein kleiner Junge leitet sie. Kuh und Bärin nähren sich zusammen, ihre Jungen liegen beieinander. Der Löwe frisst Stroh wie das Rind. Der Säugling spielt vor dem Schlupfloch der Natter und zur Höhle der Schlange streckt das Kind seine Hand aus. Man tut nichts Böses und begeht kein Verbrechen auf meinem ganzen heiligen Berg; denn das Land ist erfüllt von der Erkenntnis des HERRN, so wie die Wasser das Meer bedecken.

Gedanken in den Tag

Man könnte auf den Gedanken kommen, zu sagen: Das ist aber schon eine reichlich naive Vorstellung vom Frieden! Mag ja sein, aber es geht hier um Bilder. Und die Bilder sind unwahrscheinlich eindrucksvoll, finde ich. Sie bringen eine Sehnsucht zum Ausdruck, die ich tief in mir wiederfinde: die Sehnsucht nach Frieden, der mehr ist als ein sich gegenseitig in Schach halten und belauern; mehr auch als ein kalter Frieden, wo der eine nichts mit dem anderen zu tun haben will und man sich gegenseitig auf Abstand hält. Es geht um einen Frieden, der von Wohlwollen, gegenseitiger Achtung und Sympathie geprägt ist, weil die Erkenntnis des Herrn sich verbreitet. Sehr bewusst hat sich einst Martin Luther King diese Jesajastelle als Grundlage ausgesucht, um darauf seine bis heute atemberaubende Rede aufzubauen: „I have a dream." Denn um nichts weniger geht es hier: um den Menschheitstraum von einem tiefen Frieden in einer gerechten Welt.

Klar, die Menschheit ist weit davon entfernt. Aber damit auch nur die kleinsten Schritte in diese Richtung möglich sind, ist es nötig, den Traum vom Frieden immer wieder neu in Erinnerung zu rufen und wachzuhalten. Und auch den kleinen Schritt, den ich in diese Richtung gehen kann, sollte ich heute wagen. Vielleicht ist der kleinste Schritt, den ich wage, überhaupt nicht klein. Vielleicht ist er der große Sprung über meinen eigenen Schatten! Weil ich eine Bosheit herunterschlucke, statt sie auszustoßen, weil ich auf jemanden zugehe, statt ihn zu schneiden, weil ich auf das Naheliegende verzichte und meinen strategischen Vorteil nicht ausspiele. Die Vollendung dieses kleinen Anfangs darf ich dann von Gott erhoffen.

Stille

Gebet

Herr, unser Gott,
mitten in einer Welt,
die gespalten und zerrissen ist,
bitten wir dich um deinen Frieden.
Wir bitten dich um die Kraft,

unseren kleinen Beitrag zum Frieden zu leisten,
und wir bitten dich auch
um den großen Frieden der Menschheit.
Dass die Kriege aufhören
und das Morden und Töten
und das Flüchten und Sterben
und dass die Erkenntnis des Herrn
das Land erfüllt,
so wie die Wasser das Meer bedecken.
Amen.

Benedictus, GL 624,5 und 7

Lasst uns miteinander das Benedictus beten/singen.

Vaterunser

Sprechen wir das Gebet des Herrn.

Segensworte

Bitten wir den Herrn um seinen Segen für uns an diesem Tag.

Der Herr segne und behüte uns
und gewähre uns in seinem Segen
den Frieden,
den die Welt nicht geben kann.
Das gewähre uns der dreieinige Gott,
der Vater und der Sohn und der Heilige Geist.
Amen.

Kurs halten

Kennen Sie das Gefühl, wenn man feststellt, dass jemand einem bereits über Jahre hinweg die Treue hält, dass eine uralte Zusage tatsächlich eingehalten wird. So etwas erfüllt die Seele mit tiefer Freude. Kein Wunder, dass die Menschen der Bibel sich ihren Gott gar nicht anders vorstellen konnten als absolut treu.

Eröffnung

Liebe Schwestern und Brüder, stellen wir unser Morgenlob unter den Namen des Vaters, des Sohnes und des Heiligen Geistes. Amen.

Hymnus, GL 271

Singen wir zum Beginn miteinander als Hymnus das Lied:
Die Herrlichkeit des Herrn

Psalm 81

Lasst uns nun miteinander den Psalm 81 beten:
Gottes Aufruf zur Treue

Antiphon:
Du riefst in der Not und ich riss dich heraus.

Jubelt Gott zu, er ist unsere Stärke, *
jauchzt dem Gott Jakobs!
Stimmt an den Gesang, schlagt die Pauke, *
die liebliche Leier, dazu die Harfe!
Stoßt am Neumond ins Widderhorn, *
am Vollmond, zum Tag unsres Festes!
Denn das ist Satzung für Israel, *
Entscheid des Gottes Jakobs.
Das hat er als Zeugnis für Josef erlassen, /
als er gegen Ägypten auszog. *
Eine Stimme höre ich, die ich noch nie vernahm:
Seine Schulter hab ich von der Bürde befreit, *
seine Hände kamen los vom Lastkorb.
Du riefst in der Not und ich riss dich heraus; /
ich habe dich aus dem Versteck des Donners erhört, *
an den Wassern von Meríba geprüft.
Höre, mein Volk, ich will dich mahnen! *
Israel, wolltest du doch auf mich hören!
Kein fremder Gott soll bei dir sein, *
du sollst dich nicht niederwerfen vor einem fremden Gott.
Ich bin der HERR, dein Gott, /
der dich heraufgeführt hat aus Ägypten. *
Weit öffne deinen Mund! Ich will ihn füllen.
Doch mein Volk hat nicht auf meine Stimme gehört; *
Israel hat mich nicht gewollt.
Da überließ ich sie ihrem verstockten Herzen: *
Sollen sie gehen nach ihren eigenen Plänen.
Ach, dass mein Volk doch auf mich hörte, *
dass Israel gehen wollte auf meinen Wegen!
Wie bald würde ich seine Feinde beugen, *
meine Hand gegen seine Bedränger wenden.

Die den HERRN hassen, müssten ihm schmeicheln. *
Aber ihre Zeit soll zur Ewigkeit werden.
Ich würde es nähren mit bestem Weizen, *
dich sättigen mit Honig aus dem Felsen.
Ehre sei dem Vater und dem Sohn *
und dem Heiligen Geist
wie im Anfang, so auch jetzt und allezeit *
und in Ewigkeit. Amen.

Antiphon:
Du riefst in der Not und ich riss dich heraus.

Schriftlesung, Jes 54,4–10

Wir hören eine Schriftlesung aus dem Buch des Propheten Jesaja:

Fürchte dich nicht, du wirst nicht beschämt; schäme dich nicht, du wirst nicht enttäuscht! Denn die Schande in deiner Jugend wirst du vergessen, an die Schmach deiner Witwenschaft wirst du nicht mehr denken. Denn dein Schöpfer ist dein Gemahl, HERR der Heerscharen ist sein Name. Der Heilige Israels ist dein Erlöser, Gott der ganzen Erde wird er genannt. Ja, der HERR hat dich gerufen als verlassene, bekümmerte Frau. Kann man denn die Frau seiner Jugend verstoßen?, spricht dein Gott. Nur für eine kleine Weile habe ich dich verlassen, doch mit großem Erbarmen werde ich dich sammeln. Einen Augenblick nur verbarg ich vor dir mein Gesicht in aufwallendem Zorn; aber in ewiger Huld habe ich mich deiner erbarmt, spricht dein Erlöser, der HERR. Wie bei der Flut Noachs soll es für mich sein: So wie ich damals schwor, dass die Flut Noachs die Erde nie mehr überschwemmen wird, so schwöre ich jetzt, dir nie mehr zu zürnen und dich nie mehr zu schelten. Mögen auch die Berge weichen und die Hügel wanken – meine Huld wird nicht von dir weichen und der Bund meines Friedens nicht wanken, spricht der HERR, der Erbarmen hat mit dir.

Gedanken in den Tag

Treue und Untreue sind in den Schriften des Alten Testaments ein Dauerthema. Gerade die Propheten werden nicht müde, immer wieder neu zu predigen: Gott hält euch die Treue, aber ihr werdet ihm immer wieder untreu. Ihr wendet euch von ihm ab und glaubt, dass ihr euer Heil selber machen könnt. Ihr tanzt um goldene Kälber, ihr achtet die Armen in eurem Land gering, ihr rafft Reichtümer zusammen, lasst es euch gut gehen und meint, dass ihr damit durchkommt. Aber dann, wenn ihr im Graben landet, wenn ihr im Schlamassel steckt, dann ist euer Geschrei groß. Gott könnte euch dann auch missachten und links liegen lassen. Er hätte allen Grund dazu. Und doch: Gott ist wie ein unverbesserlicher Liebhaber, der es nicht übers Herz bringt, die Frau seiner Jugend zu verstoßen und die Liebe seines Lebens zu vergessen. Deshalb hält er seine Treue und hat euch lieb, immer wieder neu. Denn so ist euer Gott.

Angesichts solcher Gedanken muss man eigentlich nicht lange überlegen, was es da mit in den Tag zu nehmen gilt. Das ist ja eine gewaltige Einladung: Mach es doch ein klein wenig mehr wie Gott. Sei nicht so treulos und selbstsüchtig. Denk bei deinem Handeln auch an die, denen du Treue schuldest! Treue ist ja ein so altmodischer Begriff und noch dazu hat er eine ordentliche Schlagseite in Richtung „treu-doof“. Ist Treue nicht eher was für die Ängstlichen und Verzagten, die sich nicht an etwas Neues herantrauen? Ich glaube, dass das eine reichlich oberflächliche Sicht der Dinge ist. Und ich glaube auch, dass es sich lohnt, Treue als persönliche Eigenschaft zu pflegen und zu stärken. Schließlich bin ich ziemlich froh, wenn mir andere Menschen die Treue halten und mich nicht fallen lassen wie eine leere Packung Chips.

Stille

Gebet

Herr, du unser treuer Gott,
wir wissen um deine Treue,
aber wir wissen auch um unsere Wankelmütigkeit.
Wenn wir uns kritisch prüfen,
dann finden wir auch die Momente
in unserem Leben,
in denen wir uns abwenden,
nur auf unsere Wünsche und Begehrlichkeiten schauen,
von den Unannehmlichkeiten der Treue
nichts wissen wollen.
Wir bitten dich um dein Erbarmen.
Und wir bitten dich um Menschen,
die uns die Treue lehren.
Amen.

Benedictus, GL 624,5 und 7

Lasst uns miteinander das Benedictus beten/singen.

Vaterunser

Sprechen wir das Gebet des Herrn.

Segensworte

Bitten wir den Herrn um seinen Segen für uns an diesem Tag.

Der Segen des allmächtigen,
treuen und barmherzigen Gottes
komme herab auf uns
und wohne bei uns
heute und alle Tage unseres Lebens.
Das gewähre uns der dreieinige Gott,
der Vater und der Sohn und der Heilige Geist.
Amen.

„Lehre mich deine Pfade“

Ein Stück zurückgehen

In mich hineinhören

Wer neben der Spur ist, muss erst mal zur Besinnung kommen, sagt man. Wie man das macht? Alles beginnt wohl erst mal damit, in sich hineinzuhören, sich selbst wahrzunehmen trotz allen Trubels.

Eröffnung

Liebe Schwestern und Brüder, stellen wir unser Morgenlob unter den Namen des Vaters, des Sohnes und des Heiligen Geistes. Amen.

Hymnus, GL 271

Singen wir zum Beginn miteinander als Hymnus das Lied:
Herr, unser Herr

Psalm 1

Lasst uns nun miteinander den Psalm 1 beten:
Weisung zur Wahl des rechten Weges

Antiphon:
Selig, der bei Tag und bei Nacht über seine Weisung nachsinnt.

Selig der Mann, der nicht nach dem Rat der Frevler geht, /
nicht auf dem Weg der Sünder steht, *
nicht im Kreis der Spötter sitzt,
sondern sein Gefallen hat an der Weisung des HERRN, *
bei Tag und bei Nacht über seine Weisung nachsinnt.

Er ist wie ein Baum, *
  gepflanzt an Bächen voll Wasser,
  der zur rechten Zeit seine Frucht bringt *
  und dessen Blätter nicht welken.
  Alles, was er tut, *
  es wird ihm gelingen.
Nicht so die Frevler: *
  Sie sind wie Spreu, die der Wind verweht.
Darum werden die Frevler im Gericht nicht bestehen *
  noch die Sünder in der Gemeinde der Gerechten.
Denn der HERR kennt den Weg der Gerechten, *
  der Weg der Frevler aber verliert sich.
Ehre sei dem Vater und dem Sohn *
  und dem Heiligen Geist
wie im Anfang, so auch jetzt und allezeit *
  und in Ewigkeit. Amen.

Antiphon:
Selig, der bei Tag und bei Nacht über seine Weisung nachsinnt.

Schriftlesung, 1 Kön 3,5–12

Wir hören eine Schriftlesung aus dem ersten Buch der Könige:

In Gibeon erschien der HERR dem Salomo nachts im Traum und forderte ihn auf: Sprich eine Bitte aus, die ich dir gewähren soll! Salomo antwortete: Du hast deinem Knecht David, meinem Vater, große Huld erwiesen; denn er lebte vor dir in Treue, in Gerechtigkeit und mit aufrichtigem Herzen. Du hast ihm diese große Huld bewahrt und ihm einen Sohn geschenkt, der heute auf seinem Thron sitzt. So hast du jetzt, HERR, mein Gott, deinen Knecht anstelle meines Vaters David zum König gemacht. Doch ich bin noch sehr jung und weiß nicht aus noch ein. Dein Knecht steht aber mitten in deinem Volk, das du erwählt hast: einem großen Volk, das man wegen seiner Menge nicht zählen und nicht schätzen kann. Verleih daher deinem Knecht ein hörendes Herz, damit er dein Volk zu regieren und das Gute vom Bösen zu unterscheiden versteht! Wer könnte sonst dieses mächtige Volk regieren? Es gefiel dem Herrn, dass Salomo diese Bitte aussprach. Daher antwortete ihm Gott: Weil du gerade diese Bitte ausgesprochen hast und nicht um langes Leben, Reichtum oder um den Tod deiner Feinde, sondern um Einsicht gebeten hast, um auf das Recht zu hören, werde ich deine Bitte erfüllen. Sieh, ich gebe dir ein so weises und verständiges Herz, dass keiner vor dir war und keiner nach dir kommen wird, der dir gleicht.

Gedanken in den Tag

Mir gefällt diese biblische Erzählung vom König Salomo besonders gut. Salomo gilt in der biblischen Welt ja als der Inbegriff von Klugheit und Weisheit. Diese Erzählung, die wir gehört haben, verrät uns gewissermaßen das Betriebsgeheimnis des weisen Salomo. Er überschätzt nämlich seine Schlauheit gerade nicht, sondern er weiß, dass er seine Aufgabe als Herrscher nur dann in den Griff bekommt, wenn er gut hinhören kann, wenn er aufmerksam ist und so lernt, das Gute vom Bösen zu unterscheiden. Und genau das wünscht er sich von Gott: ein hörendes Herz, das versteht, Gut und Böse auseinanderzuhalten.

Es gibt ein humorvolles Gedicht von Eugen Roth, in dem es heißt, man könne das Böse nicht trennscharf vom Guten lösen. Das ist ein Hinweis auf die Lebenswirklichkeit, die jeder sicher bestens kennt. Irgendwie wollen wir ja alle nur das Beste. Aber was soll ich konkret tun, um gerade heute einen Schritt darauf zu zu machen? Vieles erweist sich da als vergebliche Liebesmüh, und wenn ich denke, jetzt wäre ich doch mal einen Schritt weitergekommen, dann stellt sich hinterher oft heraus: Das war nicht so hilfreich, wie erhofft. Manchmal ist es sogar noch schlimmer: Was ich für eine großartige Chance hielt, entpuppt sich als Beginn eines furchtbaren Verhängnisses, das mich in die Tiefe reißt.

Wie also herausfinden, was ich tun soll? Ich glaube, da gibt es keine Garantien und nicht die eine Patentlösung. Aber die Bibel empfiehlt, jedenfalls in den gehörten Texten, zweierlei: mit einem hörenden Herzen durchs Leben gehen und immer wieder über die Weisung des Herrn nachsinnen. Zum Hören lade ich Sie jetzt im Moment der Stille ein und zum Nachsinnen dann ganz besonders für den heutigen Tag, in den wir hinausgehen.

Stille

Gebet

Herr, oft genug haste ich
wie besinnungslos durch meine Tage
oder ich fülle die freien Zeiten
mit allerlei kurzweiliger Ablenkung aus.
Jetzt, hier in diesem Moment, bitte ich dich:
Schenke auch mir ein hörendes Herz,
wie du es einst dem Salomo gegeben hast,
damit ich in mich und in die anderen hineinhören kann
und deine Stimme darin vernehme,
die mir Weisung und Trost zuspricht,
wohin es mich auch immer verschlägt.
Amen.

Benedictus, GL 624,5 und 7

Lasst uns miteinander das Benedictus beten/singen.

Vaterunser

Sprechen wir das Gebet des Herrn.

Segensworte

Bitten wir den Herrn um seinen Segen für uns an diesem Tag.

Herr, segne uns
und öffne unsere Ohren für dein Wort,
unsere Augen für die Schönheit deiner Wirklichkeit
und unsere Hände für deine Güte.
Das gewähre uns der dreieinige Gott,
der Vater und der Sohn und der Heilige Geist.
Amen.

Meine eigenen Sünden sehen

Sünde ist schon als Wort sperrig. Man verwendet es eigentlich lieber im übertragenen Sinn. Dann ist die Rede von Verkehrssünden, Modesünden oder Kaloriensünden. Aber so früh am Morgen schon über „richtige" eigene Sünden nachdenken? Darauf muss man sich erst mal einlassen!

Eröffnung

Liebe Schwestern und Brüder, stellen wir unser Morgenlob unter den Namen des Vaters, des Sohnes und des Heiligen Geistes. Amen.

Hymnus, GL 273

Singen wir zum Beginn miteinander als Hymnus das Lied:
O Herr, nimm unsre Schuld

Psalm 32

Lasst uns nun miteinander den Psalm 32 beten:
Sündenbekenntnis und Vergebung

Antiphon:
Du hast die Schuld meiner Sünde vergeben.

Selig der, dessen Frevel vergeben *
    und dessen Sünde bedeckt ist.
Selig der Mensch, dem der HERR die Schuld nicht zur Last legt *
    und in dessen Geist keine Falschheit ist.
Solang ich es verschwieg, zerfiel mein Gebein, *
    den ganzen Tag musste ich stöhnen.
Denn deine Hand liegt schwer auf mir bei Tag und bei Nacht; *
    meine Lebenskraft war verdorrt wie durch die Glut des Sommers.
Da bekannte ich dir meine Sünde *
    und verbarg nicht länger meine Schuld vor dir.
Ich sagte: Meine Frevel will ich dem HERRN bekennen. *
    Und du hast die Schuld meiner Sünde vergeben.
Darum soll jeder Fromme zu dir beten; *
    solange du dich finden lässt.
Fluten hohe Wasser heran, *
    ihn werden sie nicht erreichen.
Du bist mein Schutz, du bewahrst mich vor Not *
    und rettest mich und hüllst mich in Jubel.
Ich unterweise dich und zeige dir den Weg, den du gehen sollst. *
    Ich will dir raten, über dir wacht mein Auge.
Werdet nicht wie Ross und Maultier, *
    die ohne Verstand sind.
Mit Zaum und Zügel muss man ihr Ungestüm bändigen, *
    sonst bleiben sie nicht in deiner Nähe.
Der Frevler leidet viele Schmerzen, *
    doch wer dem HERRN vertraut,
    den wird er mit seiner Huld umgeben.
Freut euch am HERRN und jauchzt, ihr Gerechten, *
    jubelt alle, ihr Menschen mit redlichem Herzen!
Ehre sei dem Vater und dem Sohn *
    und dem Heiligen Geist

wie im Anfang, so auch jetzt und allezeit *
und in Ewigkeit. Amen.

Antiphon:
Du hast die Schuld meiner Sünde vergeben.

Schriftlesung, Am 5,10–15

Wir hören eine Schriftlesung aus dem Buch des Propheten Amos:

Sie hassen den, der im Tor zur Gerechtigkeit mahnt, und wer Wahres redet, den verabscheuen sie. Weil ihr vom Hilflosen Pachtgeld annehmt und sein Getreide mit Steuern belegt, darum baut ihr Häuser aus behauenen Steinen – und wohnt nicht darin, legt ihr euch prächtige Weinberge an – und werdet den Wein nicht trinken. Denn ich kenne eure vielen Vergehen und eure zahlreichen Sünden. Ihr bringt den Unschuldigen in Not, ihr lasst euch bestechen und weist den Armen ab im Tor. Darum schweigt in dieser Zeit, wer klug ist; denn es ist eine böse Zeit. Sucht das Gute, nicht das Böse; dann werdet ihr leben und dann wird, wie ihr sagt, der HERR, der Gott der Heerscharen, bei euch sein. Hasst das Böse, liebt das Gute und bringt im Tor das Recht zur Geltung! Vielleicht ist der HERR, der Gott der Heerscharen, dem Rest Josefs dann gnädig.

Gedanken in den Tag

Harte Kost, was da geboten wird. Zuerst der Psalm, der klarmacht: Wenn du deine Sünden nicht vor deinem Gott bekennst, dann kommst du aus deinem Schlamassel auch nicht heraus! Und dann die Worte des Propheten Amos. Dieser Amos war ein ziemlich zorniger und oft polternder Ankläger im Namen

Gottes. Das Unrecht, das unter seinen Mitmenschen grassierte, trieb ihn um und die Wut darüber quoll aus ihm heraus. Und dann nannte er die Gemeinheiten, die er beobachtete, deutlich beim Namen. Wer den Ratschlag des Psalms ernst nehmen und reinen Tisch machen will, tut gut daran, bei Amos genau hinzuhören und sich dann bei der eigenen Nase zu packen: Wo lasse ich es mir gut gehen auf Kosten anderer? Wo bin ich in Unrecht verstrickt? Wo halte ich mich dann doch lieber an die Reichen und Mächtigen und lasse die Armen und Benachteiligten links liegen?

In einer so komplexen und vernetzten Gesellschaft, in der wir leben, ist es oft gar nicht so leicht, herauszufinden, wie man etwas gegen das Unrecht tun kann. Mir geht es da wie vielen anderen: Was soll ich machen? Ist es überhaupt möglich, beim Einkaufen auf gerechten Handel zu schauen? Ist es sinnvoll, Transfairprodukte zu kaufen? Wie soll man sich im Hinblick auf die Migrationsproblematik verhalten? Darf man bedürftige Flüchtlinge in ihrer Not einfach abweisen? Oder muss man sich den Gedanken aus dem Kopf schlagen, die Weltprobleme durch die Bewältigung von Migrationsströmen in den Griff zu bekommen? Das sind alles komplexe Fragen, über die wir sicher lange diskutieren könnten und über die wohl jeder seine Meinung hat. Dafür ist hier heute Morgen nicht der geeignete Ort und die geeignete Zeit.

Aber es gibt etwas anderes, was hierher gehört: Das ist die Tatsache, dass ich meistens durch meine Tage gehe, ohne allzu viel Zeit auf solches Nachdenken über meinen Anteil an der Ungerechtigkeit zu verschwenden. Ich bin gut mit mir selbst und mit den Gemeinheiten beschäftigt, die mir täglich widerfahren. Und diese Selbstbezogenheit hat genau betrachtet schon auch was mit Sünde zu tun. Nehmen wir uns also für diesen heutigen Tag vor, in einem ersten Schritt mal etwas weniger auf uns und unsere Benachteiligungen zu schauen und etwas mehr auf das Unrecht, an dem wir beteiligt sind. Das wäre doch mal ein erster Schritt aus der Sünde heraus.

Stille

Gebet

Herr, du kennst mich besser,
als ich selbst mich kenne.
Du siehst auch meine Sünden,
noch bevor ich selbst sie erkennen
und mir eingestehen kann.
Öffne meine Augen
und hilf mir heraus aus diesem Sumpf der Verstrickung.
Und besonders bitte ich dich für die,
die unter mir zu leiden haben:
unter meinem ganz persönlichen Fehlverhalten
und unter dem Unrecht,
von dem ich am Ende profitiere.
Schenke uns allen deine Gnade!
Amen.

Benedictus, GL 624,5 und 7

Lasst uns miteinander das Benedictus beten/singen.

Vaterunser

Sprechen wir das Gebet des Herrn.

Segensworte

Bitten wir den Herrn um seinen Segen für uns an diesem Tag.

Herr, du lässt deine Sonne aufgehen
über Gerechte und Ungerechte.
Und so dürfen auch wir diesem Tag entgegensehen,
mit aller Gerechtigkeit und aller Ungerechtigkeit,
die wir in uns tragen.
Wir bitten dich um deinen Segen für einen Tag,
der uns auf dem Weg zu dir voranbringen möge.
Das gewähre uns der dreieinige Gott,
der Vater und der Sohn und der Heilige Geist.
Amen.

Den unteren Weg gehen

Demut ist auch einer der Begriffe, die irgendwie aus der Zeit gefallen sind. Man sagt höchstens: „Das ist demütigend!" Und dann ist damit absolut nichts Positives verbunden. Eine Demütigung ist eine schlimme Sache. Was könnte man also an Demut gut finden?

Eröffnung

Liebe Schwestern und Brüder, stellen wir unser Morgenlob unter den Namen des Vaters, des Sohnes und des Heiligen Geistes. Amen.

Hymnus, GL 437

Singen wir zum Beginn miteinander als Hymnus das Lied:
Meine engen Grenzen

Psalm 25

Lasst uns nun miteinander den Psalm 25 beten:
Bitte um Vergebung und Leitung

Antiphon:
Nach deiner Huld gedenke meiner, HERR, denn du bist gütig!

Zu dir, HERR, erhebe ich meine Seele, *
mein Gott, auf dich vertraue ich.
Lass mich nicht zuschanden werden, *
lass meine Feinde nicht triumphieren!
Es wird ja niemand, der auf dich hofft, zuschanden; *
zuschanden wird, wer dir schnöde die Treue bricht.
Zeige mir, HERR, deine Wege, *
lehre mich deine Pfade!
Führe mich in deiner Treue und lehre mich; /
denn du bist der Gott meines Heils. *
Auf dich hoffe ich den ganzen Tag.
Gedenke deines Erbarmens, HERR, /
und der Taten deiner Gnade; *
denn sie bestehen seit Ewigkeit!
Gedenke nicht meiner Jugendsünden und meiner Frevel! *
Nach deiner Huld gedenke meiner, HERR,
denn du bist gütig!
Der HERR ist gut und redlich, *
darum weist er Sünder auf den rechten Weg.
Die Armen leitet er nach seinem Recht, *
die Armen lehrt er seinen Weg.
Alle Pfade des HERRN sind Huld und Treue *
denen, die seinen Bund und seine Zeugnisse wahren.
Um deines Namens willen, HERR, vergib meine Schuld, *
denn sie ist groß!
Wer ist der Mensch, der den HERRN fürchtet? *
Ihm weist er den Weg, den er wählen soll.
Dann wird er wohnen im Glück, *
seine Nachkommen werden das Land besitzen.
Der Rat des HERRN steht denen offen, die ihn fürchten, *
und sein Bund, um ihnen Erkenntnis zu schenken.

Meine Augen schauen stets auf den HERRN; *
    denn er befreit meine Füße aus dem Netz.
Wende dich mir zu und sei mir gnädig; *
    denn ich bin einsam und arm!
Ängste haben mein Herz gesprengt, *
    führ mich heraus aus meiner Bedrängnis!
Sieh meine Armut und Plage an *
    und nimm hinweg all meine Sünden!
Sieh meine Feinde, wie zahlreich sie sind, *
    mit welchem tödlichen Hass sie mich hassen!
Erhalte mein Leben und rette mich, /
    lass mich nicht zuschanden werden! *
    Denn ich habe mich bei dir geborgen.
Unschuld und Redlichkeit mögen mich schützen, *
    denn ich hoffe auf dich.
Gott, erlöse Israel *
    aus all seinen Nöten!
Ehre sei dem Vater und dem Sohn *
    und dem Heiligen Geist
wie im Anfang, so auch jetzt und allezeit *
    und in Ewigkeit. Amen.

Antiphon:
Nach deiner Huld gedenke meiner, HERR, denn du bist gütig!

Schriftlesung, Jes 55,8–9

Wir hören eine Schriftlesung aus dem Buch des Propheten Jesaja:

Meine Gedanken sind nicht eure Gedanken und eure Wege sind nicht meine Wege – Spruch des HERRN. So hoch der Himmel über der Erde ist, so hoch erhaben sind meine Wege über eure Wege und meine Gedanken über eure Gedanken.

Gedanken in den Tag

Ein langer Psalm, in dem sich der Psalmbeter wortreich in die Nähe und unter die Gnade Gottes stellt, und ein kurzer Abschnitt aus dem Prophetenbuch Jesaja, in dem die schier unüberbrückbare Distanz zwischen Gott und Mensch ohne jeden Umschweif klargemacht wird. Wie passen diese Texte zusammen? Der Schlüssel dafür ist tatsächlich die Demut. Demut kommt im Psalmgebet zum Ausdruck, wenn es etwa heißt: „Wende dich mir zu und sei mir gnädig; denn ich bin einsam und arm!" Voll Demut macht der Beter sich selbst klein und Gott groß. Und Demut ist es auch, die den Propheten zur Erkenntnis bringt: So hoch der Himmel über der Erde ist, so erhaben sind Gottes Wege und Gedanken über denen des Menschen. Aber was heißt das für uns? Ist unser Gott einer, der den Menschen klein, verhuscht, verängstigt und gedemütigt haben will? Das wäre ein trauriges Gottesbild. Nein, Menschen sollen wachsen und gedeihen in der Obhut Gottes, wie eine Pflanze sich im Schatten eines großen Baumes entfalten kann. Aber die Erfahrung lehrt, dass Menschen oft genug zur Überheblichkeit neigen, zur Selbstüberschätzung und zum blinden Ehrgeiz. „Hybris" nennt die klassische Antike diese Einstellung. Hochmut, der blind macht und arrogant und letztlich unmenschlich. Davor gilt es sich zu hüten. Deshalb ist es so wichtig, sich vor

Gott kleinzumachen, sich auf die eigenen engen Grenzen zu besinnen, sich des dünnen Fadens bewusst zu werden, auf dem jeder von uns sein Leben gerade so ausbalanciert.

Demut vor Gott ist angesagt und das Gute daran ist: Vor Gott darf ich auch demütig sein, denn er nutzt meine Demut nicht aus. Er tritt nicht auf den, der am Boden liegt, sondern er erhöht die Niedrigen, wie es im Magnificat so einprägsam heißt. Gott liebt mich und dich und euch und Sie – und wenn mich einer lieb hat, dann darf ich mich vor ihm auch kleinmachen – das ist eine ungeheure Befreiung: Ich darf so klein sein, wie ich bin, und muss mich nicht größer machen, nicht aufblasen und mit Bedeutung aufpumpen. Und doch bin ich geliebt. Gehen wir als solche geliebten und freien Menschen in den Tag und begegnen wir allem Unguten mit dem Gedanken: Die Wege und Gedanken der Menschen sind nicht Gottes Wege und Gedanken!

Stille

Gebet

Herr,
es fällt mir gar nicht so leicht,
demütig zu sein.
Was wird dann aus mir,
mitten in einer Gesellschaft
der scheinbar Selbstbewussten,
die sich so gut darstellen können
und wissen, was sie wollen
und was sie können.

Ich bitte dich bei aller Klugheit
um die Demut des Herzens,
die im Schatten deiner Liebe sein darf.
Und ich bitte dich auch für die Demütigen
und die Sanftmütigen,
die das Spiel um die Macht nicht mitspielen.
Schenke du ihnen Schutz und Geborgenheit.
Amen.

Benedictus, GL 624,5 und 7

Lasst uns miteinander das Benedictus beten/singen.

Vaterunser

Sprechen wir das Gebet des Herrn.

Segensworte

Bitten wir den Herrn um seinen Segen für uns an diesem Tag:

Der barmherzige Herr gieße seinen Segen aus
über unseren Sorgen, Nöten und Ängsten.
Wie der Tau komme sein Segen
auf unser Unvermögen herab
und stärke uns auf unserem Weg.
Das gewähre uns der dreieinige Gott,
der Vater und der Sohn und der Heilige Geist.
Amen.

Neu anfangen

So oft stelle ich fest, dass ich mich verrannt habe, dass ich in einer Sackgasse stecke und einfach nicht mehr weiterkomme. Das gilt im Kleinen, Alltäglichen und nicht zu selten auch im Großen. Die biblische Tradition rät dann zur einzig logischen Konsequenz: zur Umkehr.

Eröffnung

Liebe Schwestern und Brüder, stellen wir unser Morgenlob unter den Namen des Vaters, des Sohnes und des Heiligen Geistes. Amen.

Hymnus, GL 266

Singen wir zum Beginn miteinander als Hymnus das Lied:
Bekehre uns

Psalm 95

Lasst uns nun miteinander den Psalm 95 beten:
Dank an den Schöpfer und Aufruf zur Treue

Antiphon:
Würdet ihr doch heute auf seine Stimme hören!

Kommt, lasst uns jubeln dem HERRN, *
jauchzen dem Fels unsres Heils!
Lasst uns mit Dank seinem Angesicht nahen, *
ihm jauchzen mit Liedern!
Denn ein großer Gott ist der HERR, *
ein großer König über allen Göttern.
In seiner Hand sind die Tiefen der Erde, *
sein sind die Gipfel der Berge.
Sein ist das Meer, das er gemacht hat, *
das trockene Land, das seine Hände gebildet.
Kommt, wir wollen uns niederwerfen, uns vor ihm verneigen, *
lasst uns niederknien vor dem HERRN, unserem Schöpfer!
Denn er ist unser Gott, /
wir sind das Volk seiner Weide, *
die Herde, von seiner Hand geführt.
Würdet ihr doch heute auf seine Stimme hören! /
Verhärtet euer Herz nicht wie in Meríba, *
wie in der Wüste am Tag von Massa!
Dort haben eure Väter mich versucht, /
sie stellten mich auf die Probe *
und hatten doch mein Tun gesehen.
Vierzig Jahre war mir dieses Geschlecht zuwider /
und ich sagte: Sie sind ein Volk, dessen Herz
in die Irre geht, *
sie kennen meine Wege nicht.
Darum habe ich in meinem Zorn geschworen: *
Sie sollen nicht eingehen in meine Ruhe.
Ehre sei dem Vater und dem Sohn *
und dem Heiligen Geist
wie im Anfang, so auch jetzt und allezeit *
und in Ewigkeit. Amen.

Antiphon:
Würdet ihr doch heute auf seine Stimme hören!

Schriftlesung, Ez 18,26–32

Wir hören eine Schriftlesung aus dem Buch des Propheten Ezechiel:

Wenn ein Gerechter sich abkehrt von seiner Gerechtigkeit und Unrecht tut, muss er dafür sterben. Wegen des Unrechts, das er getan hat, wird er sterben. Wenn ein Schuldiger von dem Unrecht umkehrt, das er begangen hat, und nach Recht und Gerechtigkeit handelt, wird er sein Leben bewahren. Wenn er alle seine Vergehen, die er verübt hat, einsieht und umkehrt, wird er bestimmt am Leben bleiben. Er wird nicht sterben. Die vom Haus Israel aber sagen: Der Weg des Herrn ist nicht richtig. Mein Weg soll nicht richtig sein, ihr vom Haus Israel? Sind es nicht vielmehr eure Wege, die nicht richtig sind? Darum will ich euch richten, jeden nach seinem Weg, ihr vom Haus Israel – Spruch GOTTES, des Herrn. Kehrt um, kehrt euch ab von all euren Vergehen! Sie sollen für euch nicht länger der Anlass sein, in Schuld zu fallen. Werft alle Vergehen von euch, die ihr verübt habt! Schafft euch ein neues Herz und einen neuen Geist! Warum wollt ihr denn sterben, ihr vom Haus Israel? Ich habe doch kein Gefallen am Tod dessen, der sterben muss – Spruch GOTTES, des Herrn. Kehrt um, damit ihr am Leben bleibt!

Gedanken in den Tag

Das ist drastisch: Wer umkehrt, bleibt am Leben, wer nicht umkehrt, stirbt. Der Prophet Ezechiel schenkt seinen Zeitgenossen nichts. Er fährt das volle Programm, um ihnen zu sagen:

Die Sache ist todernst. Lassen wir den geschichtlichen Hintergrund und alle Fragen einer verfehlten Bündnispolitik des Volkes Israel, alle Fragen der Großmachts- und Eroberungspolitik im vorderen Orient der Antike einmal beiseite. Schauen wir auf das, was der Text uns bis heute mit auf den Weg gibt. Für den, der vom Weg abgekommen ist, gibt es nicht viele Optionen. Er muss umkehren, wenn die Sache nicht im Fiasko enden soll. Das gilt für den einsamen Wanderer ebenso wie für den, der sich in Schuld und Ungerechtigkeit verstrickt hat. Wenn ich nicht mehr weiterweiß oder wenn mich zunehmend das Gefühl beschleicht, dass in meinem Leben etwas nicht stimmt, dann beginnt alles Weitere damit, dass ich mir diese Situation ehrlich eingestehe. Und danach ist es wohl unumgänglich, ein Stück des Weges zurückzugehen und neu anzufangen. Umkehr ist angesagt.

Interessanterweise kommt das deutsche Wort Umkehr eher vom körperlichen Aspekt her: Umkehren lässt an Umdrehen denken und an die Änderung der Marschrichtung. Das griechische Wort „Metanoia“ kommt eher von der geistigen Seite her und heißt so etwas wie „Umdenken“. Bevor ich mich umdrehe und in eine andere Richtung gehe, muss ich erst einmal in eine andere Richtung denken. So könnte man vielleicht sagen. Ich muss meinen gedanklichen Starrsinn aufgeben und mich geistig anders ausrichten.

Nehmen wir uns – dazu möchte ich heute einladen – in Stille ein wenig Zeit, um uns mit ein paar Anfragen zu beschäftigen: Bin ich sicher, dass ich auf dem richtigen – und das heißt auf dem gerechten – Weg marschiere? Wo sind die Unsicherheiten, die ich sonst vielleicht ganz gerne wegdrücke? Halten meine Ziele einer kritischen Prüfung stand? Gäbe es bessere Ziele? Was hindert mich? Wie könnte ein erster Schritt in eine andere Richtung aussehen? Das wird bei den meisten von uns nicht zu einer Revolution im eigenen Leben führen, aber vielleicht ist es ein erster Gedanke in eine neue Richtung. Und irgendwie hat er ja doch recht, der Prophet Ezechiel: Es geht um unser, um mein Leben!

Stille

Gebet

Herr, du gütiger Gott,
wie eine liebende Mutter
und ein gütiger Vater
schaust du auf unser Leben
und wir können dich nicht anders denken
als voller Freude über jede Wendung zum Guten,
die unser Leben nimmt.
Diese Freude möge uns Ansporn sein,
nach dem Guten zu suchen
und immer wieder neu umzukehren,
wenn wir den Weg verloren haben.
Schenke du uns Wegweiser
und Ratgeber, die uns dabei helfen
und uns Mut machen,
wenn unsere Kräfte sinken.
Amen.

Benedictus, GL 624,5 und 7

Lass uns miteinander das Benedictus beten/singen.

Vaterunser

Sprechen wir das Gebet des Herrn.

Segensworte

Bitten wir den Herrn um seinen Segen für uns an diesem Tag.

Herr,
um deinen Segen bitten wir,
auf dass er uns begleite
und uns eine Leuchte sei auf unserem Weg,
gerade dann, wenn wir in die Irre gehen.
Segne auch unsere Irrwege
und segne unsere Umkehr.
Das gewähre uns der dreieinige Gott,
der Vater und der Sohn und der Heilige Geist.
Amen.

Mit Gottes Augen sehen

Kann man mit Gottes Augen sehen? Kann man den Blickwinkel Gottes einnehmen? Ist das nicht etwas naiv dahingesagt? Woher sollte ein Mensch wissen, wie die Perspektive Gottes „aussieht"? Aber wenn Gott die Liebe ist, dann ist ein liebevoller Blick ja doch so etwas wie ein göttlicher Blick – oder?

Eröffnung

Liebe Schwestern und Brüder, stellen wir unser Morgenlob unter den Namen des Vaters, des Sohnes und des Heiligen Geistes. Amen.

Hymnus, GL 445

Singen wir zum Beginn miteinander als Hymnus das Lied:
Ubi caritas

Psalm 36

Lasst uns nun miteinander den Psalm 36 beten:
Gott, Quelle und Licht des Lebens

Antiphon:
Herr, deine Liebe reicht, so weit der Himmel ist,
deine Treue bis zu den Wolken.

Spruch der Sünde zum Frevler inmitten meines Herzens: *
In seinen Augen gibt es kein Erschrecken vor Gott.
Denn es schmeichelt ihm in seinen Augen, *
sich schuldig zu machen und zu hassen.
Die Worte seines Mundes sind Trug und Unheil. *
Er hat es aufgegeben, weise und gut zu handeln.
Unheil plant er auf seinem Lager, *
er betritt schlimme Wege und scheut nicht das Böse.
HERR, deine Liebe reicht, so weit der Himmel ist, *
deine Treue bis zu den Wolken.
Deine Gerechtigkeit steht wie die Berge Gottes, /
deine Urteile sind tief wie die Urflut.*
Du rettest Menschen und Tiere, HERR.
Wie köstlich ist deine Liebe, Gott! *
Menschen bergen sich im Schatten deiner Flügel.
Sie laben sich am Reichtum deines Hauses; *
du tränkst sie mit dem Strom deiner Wonnen.
Denn bei dir ist die Quelle des Lebens, *
in deinem Licht schauen wir das Licht.
Erhalte denen, die dich kennen, deine Liebe *
und deine Gerechtigkeit den Menschen
mit redlichem Herzen!
Lass mich nicht kommen unter den Fuß der Stolzen; *
die Hand der Frevler soll mich nicht vertreiben.
Die Übeltäter sind dort gefallen, *
sie wurden niedergestoßen und stehen nie wieder auf.
Ehre sei dem Vater und dem Sohn *
und dem Heiligen Geist
wie im Anfang, so auch jetzt und allezeit *
und in Ewigkeit. Amen.

Antiphon:
Herr, deine Liebe reicht, so weit der Himmel ist,
deine Treue bis zu den Wolken.

Schriftlesung, 1 Joh 4, 7–12

Wir hören eine Schriftlesung aus dem ersten Johannesbrief:

Geliebte, wir wollen einander lieben; denn die Liebe ist aus Gott und jeder, der liebt, stammt von Gott und erkennt Gott. Wer nicht liebt, hat Gott nicht erkannt; denn Gott ist Liebe. Darin offenbarte sich die Liebe Gottes unter uns, dass Gott seinen einzigen Sohn in die Welt gesandt hat, damit wir durch ihn leben. Darin besteht die Liebe: Nicht dass wir Gott geliebt haben, sondern dass er uns geliebt und seinen Sohn als Sühne für unsere Sünden gesandt hat. Geliebte, wenn Gott uns so geliebt hat, müssen auch wir einander lieben. Niemand hat Gott je geschaut; wenn wir einander lieben, bleibt Gott in uns und seine Liebe ist in uns vollendet.

Gedanken in den Tag

Das ist einer der Bibeltexte, bei denen ich den Eindruck habe: Geht runter wie Öl. Kraftvoll und durch und durch überzeugend. Gott ist Liebe. Das ist ein kleiner Satz und zugleich ein mächtiger Schlüssel. Weil Gott Liebe ist, bin ich überhaupt da. Weil Liebe immer auf der Suche ist nach Mitteilung, weil sie sich nicht selbst genügen kann. Und weil Gott Liebe ist, sucht er nach mir, versucht mein Herz zu gewinnen – und Ihres.

Jesus hat diese Liebe verkündet und gelebt. Das macht ihn einzigartig: Er ist für uns das Angesicht der Liebe Gottes. Aber die Liebe kam unter die Räder. So geht es der bedingungslosen

Liebe. Sie kann den Kampf um Macht und Herrschaft offensichtlich nicht gewinnen. Sie zieht den Kürzeren, hat nichts dagegenzusetzen, kann die Machtapparate und Interessenskonflikte nicht aufhalten. Ist halt doch idealistische Poesie und Fantasie, Träumerei von Spinnern, die nicht so ganz mit zwei Beinen auf der Erde stehen. Ist das so? Ist unsere Lebenswirklichkeit tatsächlich so, dass die Starken und Mächtigen gewinnen und die Sanftmütigen und Liebevollen am Ende die Dummen sind? Ja, es sieht schon sehr oft ziemlich deutlich danach aus. Man hat schon teuflisch oft den Eindruck, dass die Dinge so laufen und dass die Sieger Geschichte schreiben. Aber ist es wirklich so? Tief drinnen weiß ich, dass es nicht so ist, dass die Liebe nicht nur eine Chance bekommt, sondern dass sie am Ende tatsächlich siegt. Die christliche Botschaft jedenfalls versichert uns mit allem Ernst und aller Überzeugungskraft, die so eine alte Religion nur haben kann, dass die Liebe siegt: Weil Gott seinen Sohn so sehr geliebt hat, hat er ihn nicht im Tod gelassen, sondern am dritten Tag auferweckt von den Toten.

Damit ist der Sieg der Liebe nicht einfach Geschichte, denn bis heute kommt die Liebe unter die Räder – Tag für Tag. Aber der ganzen Dramatik ist die Spitze abgebrochen, denn bei all dem Elend ist und bleibt klar: Die Liebe, die Gott ist, wird am Ende nicht besiegt werden können. Vor diesem Hintergrund lädt uns das heutige Morgenlob ein: Gehen wir durch den Tag und versuchen wir, die Menschen, die uns begegnen, mit einem liebevollen Blick anzuschauen. Es ist der Blick Gottes, der alles zum Guten führt.

Stille

Gebet

Herr, der du die Liebe bist,
wir bitten dich:
Erfülle unser Herz,
damit alle Bitterkeit,
alle Enttäuschung,
aller Zorn und alle Verzweiflung
unser Herz nicht überwältigen
und wir der Versuchung zu
Neid, Hass und Missgunst
nicht erliegen.
Und wo die Bosheit herrscht
und zu siegen droht,
da sende du uns Boten deiner Liebe!
Amen.

Benedictus, GL 624,5 und 7

Lasst uns miteinander das Benedictus beten/singen.

Vaterunser

Sprechen wir das Gebet des Herrn.

Segensworte

Bitten wir den Herrn um seinen Segen für uns an diesem Tag.

Gott, der die Liebe ist,
segne uns mit dem Segen seiner Liebe.
Er segne all unser Denken, Sprechen und Tun,
damit es immer mehr
zu einem Denken, Sprechen und Tun
in seiner Liebe werde.
Das gewähre uns der dreieinige Gott,
der Vater und der Sohn und der Heilige Geist.
Amen.

„Vor wem sollte ich mich fürchten?“

Den Sprung wagen

Glauben ist auch so eine Sache

In der Kirche wird ja viel vom Glauben gesprochen. Was man sich darunter vorstellen soll, ist aber gar nicht so einfach zu sagen. Nicht wissen? Vermuten? Für wahr halten? Vertrauen? Irgendwie wohl von allem etwas – aber worauf kommt es dann an?

Eröffnung

Liebe Schwestern und Brüder, stellen wir unser Morgenlob unter den Namen des Vaters, des Sohnes und des Heiligen Geistes. Amen.

Hymnus, GL 457

Singen wir zum Beginn miteinander als Hymnus das Lied:
Suchen und fragen

Psalm 34

Lasst uns nun miteinander den Psalm 34 beten:
Unter Gottes Schutz und Leitung

Antiphon:
Ich suchte den Herrn und er gab mir Antwort.

Ich will den HERRN allezeit preisen; *
    immer sei sein Lob in meinem Mund.
Meine Seele rühme sich des HERRN; *
    die Armen sollen es hören und sich freuen.
Preist mit mir die Größe des HERRN, *
    lasst uns gemeinsam seinen Namen erheben!
Ich suchte den HERRN und er gab mir Antwort, *
    er hat mich all meinen Ängsten entrissen.
Die auf ihn blickten, werden strahlen, *
    nie soll ihr Angesicht vor Scham erröten.
Da rief ein Armer und der HERR erhörte ihn *
    und half ihm aus all seinen Nöten.
Der Engel des HERRN umschirmt, die ihn fürchten, *
    und er befreit sie.
Kostet und seht, wie gut der HERR ist! *
    Selig der Mensch, der zu ihm sich flüchtet!
Fürchtet den HERRN, ihr seine Heiligen; *
    denn die ihn fürchten, leiden keinen Mangel.
Junglöwen darbten und hungerten; *
    aber die den HERRN suchen, leiden keinen Mangel
    an allem Guten.
Kommt, ihr Kinder, hört mir zu! *
    Die Furcht des HERRN will ich euch lehren!
Wer ist der Mensch, der das Leben liebt, *
    der Tage ersehnt, um Gutes zu sehen?
Bewahre deine Zunge vor Bösem; *
    deine Lippen vor falscher Rede!
Meide das Böse und tu das Gute, *
    suche Frieden und jage ihm nach!
Die Augen des HERRN sind den Gerechten zugewandt, *
    seine Ohren ihrem Hilfeschrei.

Das Angesicht des HERRN richtet sich gegen die Bösen, *
ihr Andenken von der Erde zu tilgen.
Die aufschrien, hat der HERR erhört, *
er hat sie all ihren Nöten entrissen.
Nahe ist der HERR den zerbrochenen Herzen *
und dem zerschlagenen Geist bringt er Hilfe.
Viel Böses erleidet der Gerechte, *
doch allem wird der HERR ihn entreißen.
Er behütet all seine Glieder, *
nicht eins von ihnen wird zerbrochen.
Den Frevler wird die Bosheit töten, *
die den Gerechten hassen, werden es büßen.
Der HERR erlöst das Leben seiner Knechte, *
niemals müssen büßen, die bei ihm sich bergen.
Ehre sei dem Vater und dem Sohn *
und dem Heiligen Geist
wie im Anfang, so auch jetzt und allezeit *
und in Ewigkeit. Amen.

Antiphon:
Ich suchte den Herrn und er gab mir Antwort.

Schriftlesung, Gen 12,1–5

Wir hören eine Schriftlesung aus dem Buch Genesis:

Der HERR sprach zu Abram: Geh fort aus deinem Land, aus deiner Verwandtschaft und aus deinem Vaterhaus in das Land, das ich dir zeigen werde! Ich werde dich zu einem großen Volk machen, dich segnen und deinen Namen groß machen. Ein Segen sollst du sein. Ich werde segnen, die dich segnen; wer dich verwünscht, den werde ich verfluchen. Durch dich sollen alle Sippen der Erde Segen erlangen. Da ging Abram, wie der HERR ihm gesagt hatte, und mit ihm ging auch Lot. Abram war fünfundsiebzig Jahre alt, als er von Haran auszog. Abram nahm seine Frau Sarai mit, seinen Neffen Lot und alle ihre Habe, die sie erworben hatten, und alle, die sie in Haran hinzugewonnen hatten. Sie zogen aus, um in das Land Kanaan zu gehen, und sie kamen in das Land Kanaan.

Gedanken in den Tag

Abraham gilt als der Stammvater der Glaubenden. Er hat den Ruf Gottes vernommen und hat geglaubt, dass Gott seine Verheißung erfüllen wird. Er hat sich darauf eingelassen und daran festgehalten, auch dann, als es nach menschlichem Ermessen nicht mehr erfolgversprechend zu sein schien. Das ist das eine. Das andere aber ist die Tatsache, dass Abraham sich auf den Weg gemacht hat. Er ist losgezogen auf einen Weg und in eine Zukunft, für die er als Sicherheit einzig die Zusage Gottes hatte. Ich meine, beides ist für den Glauben wichtig: das Gottvertrauen und das Unterwegssein.

Von Martin Buber habe ich irgendwann einen Gedanken gelesen, der mir immer wieder einmal in den Sinn kommt. Buber meinte, es gebe im Leben jedes Menschen die Zeiten der Behaustheit und die Zeiten der Hauslosigkeit, in denen er seine Behaglichkeit hinter sich lassen muss und unterm freien Himmel unterwegs zu sein hat. In der Hauslosigkeit aber, so meinte Buber, sei der Mensch seinem Gott näher. Ich finde das einen interessanten Gedanken. Gerade, wenn die Dinge im Leben nicht so geordnet sind und nicht alles seinen wohldurchdachten Platz hat, dann, wenn es doch eher drunter und drüber geht, manches durcheinanderkommt und die Verunsicherung wächst, grade dann ist der Mensch seinem Gott näher. Das hat schon eine gewisse Überzeugungskraft, meine ich. Für das Glaubensverständnis hat das aber erhebliche Auswirkungen. Glauben ist dann eben nicht nur ein wohldurchdachtes Gedankengebäude von Lehrsätzen und Glaubensdogmen, die ich für wahr halte und an denen ich mich orientiere. Das ist als Ausgangspunkt, als Basiscamp gewissermaßen, gar nicht verkehrt.

Glauben aber ist auch und gerade das Sich-einlassen auf alle Unwägbarkeiten eines Lebenswegs, von dem ich jetzt noch gar nicht viel sagen kann. Und immer wieder darf ich mich auf diesem Weg daran erinnern, dass mir ganz am Anfang einer etwas versprochen hat. Und ganz nebenbei: Aufbrechen ins Leben ist nicht nur was für junge Leute – Abraham war immerhin 75.

Stille

Gebet

Herr,
wir kommen zu dir als deine Gläubigen,
als die, die mit einer Zusage von dir
durchs Leben gehen.
Wir danken dir für deine Verheißung,
die wir in uns tragen dürfen.
Wir bitten dich in allen Sturmzeiten unseres Lebens:
Lass uns deine Spuren finden auf unserem Weg,
damit wir nicht mutlos werden
und uns nicht zu sehr einrichten
in unseren Behaustheiten.
Amen.

Benedictus, GL 624,5 und 7

Lasst uns miteinander das Benedictus beten/singen.

Vaterunser

Sprechen wir das Gebet des Herrn.

Segensworte

Bitten wir den Herrn um seinen Segen für uns an diesem Tag.

Der Vater,
der Abraham seine Verheißung gegeben hat,
segne auch uns,
wenn wir ins Leben aufbrechen,
und sei mit seinem Segen bei uns
in der Nacht, wenn wir ruhen,
und am Tag, wenn wir hinausgehen
und in all unserem Tun
nach ihm fragen und suchen.
Das gewähre uns der dreieinige Gott,
der Vater und der Sohn und der Heilige Geist.
Amen.

Und wenn ich mir nicht sicher bin?

Zum Glauben gehört offensichtlich auch der Zweifel. So jedenfalls wird es immer wieder von den großen Glaubensgestalten berichtet und so erlebe ich es auch für mich. Das zu wissen ist sicher gut, aber es bläst den Zweifel auch nicht einfach fort – und leichter macht es ihn auch nicht.

Eröffnung

Liebe Schwestern und Brüder, stellen wir unser Morgenlob unter den Namen des Vaters, des Sohnes und des Heiligen Geistes. Amen.

Hymnus, GL 422

Singen wir zum Beginn miteinander als Hymnus das Lied:
Ich steh vor dir mit leeren Händen, Herr

Psalm 10

Lasst uns nun miteinander den Psalm 10 beten:

Antiphon:
HERR, warum bleibst du so fern, verbirgst dich in Zeiten der Not?

HERR, warum bleibst du so fern, *
    verbirgst dich in Zeiten der Not?
Voller Hochmut verfolgt der Frevler den Elenden. *
    Sie sollen sich fangen in den Ränken, die sie selbst ersonnen.
Denn der Frevler hat sich gerühmt nach Herzenslust, *
    der Gierige hat gelästert und den HERRN verachtet.
Überheblich sagt der Frevler: *
    Gott ahndet nicht. /
    Es gibt keinen Gott. So ist sein ganzes Denken.
Zu jeder Zeit glücken ihm seine Wege. /
    Hoch droben und fern von sich wähnt er deine Gerichte. *
    Alle seine Gegner faucht er an.
Er sagt in seinem Herzen: Ich werde niemals wanken. *
    Von Geschlecht zu Geschlecht trifft mich kein Unglück.
Sein Mund ist voll Fluch und Trug und Gewalttat, *
    auf seiner Zunge sind Verderben und Unheil.
Er liegt auf der Lauer in den Gehöften /
    und will den Schuldlosen heimlich ermorden; *
    seine Augen spähen aus nach dem Schwachen.
Er lauert im Versteck wie ein Löwe im Dickicht, /
    er lauert darauf, den Elenden zu fangen; *
    er fängt den Elenden und zieht ihn in sein Netz.
Er duckt sich und kauert sich nieder, *
    seine Übermacht bringt die Schwachen zu Fall.
Er sagt in seinem Herzen: Gott hat vergessen, *
    hat sein Angesicht verborgen, niemals sieht er.
HERR, steh auf, Gott, erheb deine Hand, *
    vergiss die Elenden nicht!
Warum darf der Frevler Gott verachten *
    und in seinem Herzen sagen: Du ahndest nicht?
Du, ja du, hast Mühsal und Kummer gesehen! *
    Schau hin und nimm es in deine Hand!

Dir überlässt es der Schwache, *
der Waise bist du ein Helfer geworden.
Zerbrich den Arm des Frevlers und des Bösen, /
ahnde seinen Frevel, *
sodass man von ihm nichts mehr findet.
Der HERR ist König für immer und ewig, *
verschwunden sind Nationen aus seinem Land.
Die Sehnsucht der Elenden hast du gehört, HERR, *
du stärkst ihr Herz, dein Ohr nimmt wahr,
Recht zu verschaffen der Waise und dem Bedrückten. *
Kein Mensch mehr verbreite Schrecken im Land.
Ehre sei dem Vater und dem Sohn *
und dem Heiligen Geist
wie im Anfang, so auch jetzt und allezeit *
und in Ewigkeit. Amen.

Antiphon:
HERR, warum bleibst du so fern, verbirgst dich in Zeiten der Not?

Schriftlesung, Joh 20,24–25

Wir hören eine Schriftlesung aus dem Evangelium nach Johannes:

Thomas, der Didymus genannt wurde, einer der Zwölf, war nicht bei ihnen, als Jesus kam. Die anderen Jünger sagten zu ihm: Wir haben den Herrn gesehen. Er entgegnete ihnen: Wenn ich nicht das Mal der Nägel an seinen Händen sehe und wenn ich meinen Finger nicht in das Mal der Nägel und meine Hand nicht in seine Seite lege, glaube ich nicht.

Gedanken in den Tag

Thomas, der Zweifler – es ist doch schon bemerkenswert. Jahrelang war Thomas Jünger Jesu, ohne dass die neutestamentliche Tradition sonderlich viel davon berichten würde. Und dann dieser eine Augenblick des Zweifels – und schon hat er sich eingebrannt in die Überlieferung. Man fragt sich, warum das so ist. Vielleicht haben sich unter den frühen Christen doch auch viele in ihm wiedererkannt und ihn ein Stück weit beneidet. Seinen Zweifel immerhin hat Jesus selbst leibhaftig ausgeräumt. Noch etwas konkreter und lebensnaher, finde ich, wird der Zweifel in dem Psalm beschrieben, den wir gebetet haben. Da stellt sich die alltagsnahe Frage: Warum können es sich manche leisten, gemein, boshaft und grausam zu sein, und doch geht es ihnen blendend dabei? Warum wird diese Schlechtigkeit nicht bestraft? Wo bleibt da Gott mit seiner Gerechtigkeit?

Unter dem Begriff einer „Theologie nach Auschwitz" haben sich viele Theologen ernsthaft gefragt, wie man nach der Shoa überhaupt noch Theologie treiben kann. Unter dem antiken römischen Religionsgrundsatz „Do ut des – Ich gebe, damit du gibst" geht das nicht mehr. Sich einen Gott vorstellen, der denen Gutes tut, die brav und fromm und gehorsam sind, das funktioniert angesichts dieser ungerechten Welt nicht. Was aber dann? Wozu dann glauben? Muss man da nicht ernsthaft an Gott zweifeln? Wie gesagt: Allein sind Sie mit einem solchen Zweifel nicht. Aber sehen wir die Sache mal von der anderen Seite: Was wäre, wenn klar ist: Es gibt keinen Gott! Wäre die Ungerechtigkeit der Welt dann wirklich leichter zu ertragen? Wäre es dann wirklich eine Option, selbst möglichst gemein und grausam zu werden, um sich sein eigenes Stück vom Kuchen zu holen und zu sichern?

Ich glaube das ehrlich gesagt nicht. Das wäre doch nun wirklich eine einzige Mistwelt. Auf die könnte ich echt verzichten! Da ist es mir dann doch lieber, auf einen zweifelhaften Gott zu vertrauen, von dem eine Verheißung ausgeht – und sei sie noch so vage. Ich weiß, das löst den Zweifel nicht auf. Das wäre wohl auch etwas viel verlangt. Aber es sät doch immerhin von der anderen Seite her einen Zweifel in die Überzeugung, am Ende sei alles sinnlos. Gehen wir heute einmal durch den Tag mit diesem leisen Zweifel: Vielleicht gibt es ja doch diesen Gott, der es gut meint mit uns. Schauen wir, was das mit uns und diesem Tag macht!

Stille

Gebet

Herr,
am Beispiel des Thomas wird deutlich,
dass auch der Zweifelnde bei dir sein darf,
zu dir kommen darf.
Das ist gut, denn es schafft mir Raum
in deiner Anwesenheit.
Ich habe meine Zweifel
an diesem und jenem,
bin mir meiner Sache alles andere als sicher
– und darf vor dich treten.
Ich bitte dich für mich und für alle, die zweifeln:
Lass unsere Zweifel nicht siegen
und führe uns heim in deine Gewissheit.
Amen.

Benedictus, GL 624,5 und 7

Lasst uns miteinander das Benedictus beten/singen.

Vaterunser

Sprechen wir das Gebet des Herrn.

Segensworte

Bitten wir den Herrn um seinen Segen für uns an diesem Tag.

Der Segen des Herrn
komme in unsere Mitte
und wohne bei uns.
Er breite sich aus unter uns
und wirke in aller Güte des Herrn.
Und unsere Wankelmütigkeit
halte ihn nicht auf.
Das gewähre uns der dreieinige Gott,
der Vater und der Sohn und der Heilige Geist.
Amen.

Manchmal ist alles ganz klar

Es gibt diese Momente im Leben, wenn einem etwas ganz Entscheidendes klar wird. Wenn der Sinn des Vergangenen aufleuchtet und der Weg in die Zukunft vor einem liegt. Von diesen Momenten geht eine Kraft aus, die weiterträgt.

Eröffnung

Liebe Schwestern und Brüder, stellen wir unser Morgenlob unter den Namen des Vaters, des Sohnes und des Heiligen Geistes. Amen.

Hymnus, GL 456

Singen wir zum Beginn miteinander als Hymnus das Lied:
Herr, du bist mein Leben

Psalm 19

Lasst uns nun miteinander den Psalm 19 beten:
Lob auf Gottes Schöpfung und Weisung

Antiphon:
Das Zeugnis des HERRN ist verlässlich, den Unwissenden macht es weise.

Die Himmel erzählen die Herrlichkeit Gottes *
    und das Firmament kündet das Werk seiner Hände.
Ein Tag sagt es dem andern, *
    eine Nacht tut es der andern kund,
ohne Rede und ohne Worte, *
    ungehört bleibt ihre Stimme.
Doch ihre Botschaft geht in die ganze Welt hinaus, /
    ihre Kunde bis zu den Enden der Erde. *
    Dort hat er der Sonne ein Zelt gebaut.
Sie tritt aus ihrem Gemach hervor wie ein Bräutigam; *
    sie frohlockt wie ein Held, ihre Bahn zu laufen.
Am einen Ende des Himmels geht sie auf /
    und läuft bis ans andere Ende; *
    nichts kann sich vor ihrer Glut verbergen.
Die Weisung des HERRN ist vollkommen, *
    sie erquickt den Menschen.
Das Zeugnis des HERRN ist verlässlich, *
    den Unwissenden macht es weise.
Die Befehle des HERRN sind gerade, *
    sie erfüllen das Herz mit Freude.
Das Gebot des HERRN ist rein, *
    es erleuchtet die Augen.
Die Furcht des HERRN ist lauter, *
    sie besteht für immer.
Die Urteile des HERRN sind wahrhaftig, *
    gerecht sind sie alle.
Sie sind kostbarer als Gold, als Feingold in Menge. *
    Sie sind süßer als Honig, als Honig aus Waben.
Auch dein Knecht lässt sich von ihnen warnen; *
    reichen Lohn hat, wer sie beachtet.
Versehentliche Fehler, wer nimmt sie wahr? *
    Sprich mich frei von verborgenen Sünden!

Verschone deinen Knecht auch vor vermessenen Menschen; *
sie sollen nicht über mich herrschen!
Dann bin ich vollkommen *
und frei von schwerer Sünde.
Die Worte meines Munds mögen dir gefallen; /
was ich im Herzen erwäge, stehe dir vor Augen, *
HERR, mein Fels und mein Erlöser.
Ehre sei dem Vater und dem Sohn *
und dem Heiligen Geist
wie im Anfang, so auch jetzt und allezeit *
und in Ewigkeit. Amen.

Antiphon:
Das Zeugnis des HERRN ist verlässlich, den Unwissenden macht es weise.

Schriftlesung, Lk 24,28–31

Wir hören eine Schriftlesung aus dem Evangelium nach Lukas:

So erreichten sie das Dorf, zu dem sie unterwegs waren. Jesus tat, als wolle er weitergehen, aber sie drängten ihn und sagten: Bleibe bei uns; denn es wird Abend, der Tag hat sich schon geneigt! Da ging er mit hinein, um bei ihnen zu bleiben. Und es geschah, als er mit ihnen bei Tisch war, nahm er das Brot, sprach den Lobpreis, brach es und gab es ihnen. Da wurden ihre Augen aufgetan und sie erkannten ihn; und er entschwand ihren Blicken.

Gedanken in den Tag

Die Emmausgeschichte gehört wohl zu den eingängigsten Erzählungen der Bibel. Sie macht auf ganz eindrückliche Weise klar, wie den Jüngern die Auferstehung des Herrn aufgegangen ist. Da ist einerseits die Verzweiflung und die Mutlosigkeit. Man kann das, glaube ich, gut verstehen. Sie haben sich Hoffnungen gemacht. Sie waren erfüllt gewesen von dem neuen Aufbruch, den sie mit diesem Jesus erlebt hatten. Aber dann: Mit einem Schlag ist alles aus. Seifenblase geplatzt. Enttäuschung auf ganzer Linie. Unsanft gelandet auf dem harten Boden der Tatsachen. Wer kennt dieses Gefühl nicht? Und als Jesus sich zu ihnen gesellt, brauchen sie eine ganze Weile. Es tut sich was und es geht etwas in ihnen vor, aber sie merken es zuerst nicht. Und erst ganz zum Schluss der Erzählung kommt sie, ihre Sternstunde, ihr Augenblick der Erkenntnis: Mensch, wie konnten wir nur? Warum haben wir das nicht gleich gemerkt?

Kennen Sie das auch? Diese Augenblicke im Leben, an denen einem tatsächlich ein Licht aufgeht? Manchmal ist das wie ein Aha-Erlebnis. Manchmal ist es aber einfach auch ein Entschluss, der lange gereift ist, um dann in aller Klarheit vor einem zu stehen. Auch diese Momente gehören zum Leben – und nicht nur der Zweifel und das Hadern. Ich finde, diese Momente sind Geschenke, die wir dankbar annehmen dürfen. Und oft tragen solche Augenblicke dann auch durch schwere Zeiten – und das müssen sie wohl auch, denn so häufig sind sie nicht.

Ich möchte Sie jetzt gerne einladen: Überlegen Sie und suchen Sie in Ihrem Leben nach so einem Augenblick der Klarheit. Wo gab es in Ihrem Leben eine Sternstunde? Versuchen Sie, sich daran zu erinnern, und schauen Sie, was daraus geworden ist. Versuchen Sie doch einmal, ob es nicht gelingt, dieses positive Gefühl oder diesen tragenden Gedanken hervorzukramen und für den heutigen Tag daran anzuschließen. Bei dem Philosophen und Theologen Sören Kierkegaard habe ich einmal den Vers gelesen: „Herr, gib uns blöde Augen für Dinge, die nichts taugen, und Augen voller Klarheit in alle deine Wahrheit!" Nehmen Sie so ein kleines Stückchen Klarheit mit in den Tag und schauen Sie, was daraus wird!

Stille

Gebet

Herr,
wir sehnen uns danach,
die Dinge klar zu sehen,
mit wachen Augen
deine Wahrheit hinter den Dingen zu erkennen.
Lass zwischen all unserem Suchen und Fragen,
in all der Finsternis, die uns umgibt,
immer wieder auch deine Klarheit
und dein Licht aufblitzen.
Damit wir einen Vorgeschmack davon haben,
was du für uns willst.
Amen.

Benedictus, GL 624,5 und 7

Lasst uns miteinander das Benedictus beten/singen.

Vaterunser

Sprechen wir das Gebet des Herrn.

Segensworte

Bitten wir den Herrn um seinen Segen für uns an diesem Tag.

Herr,
so wie du den Jüngern in Emmaus das Brot gesegnet hast,
so schenke auch uns deinen Segen,
damit wir erkennen,
dass du es bist,
der mitten unter uns steht
und bei uns bleibt,
auch wenn es Abend wird.
Das gewähre uns der dreieinige Gott,
der Vater und der Sohn und der Heilige Geist.
Amen.

Sich ihm anvertrauen

Sich jemandem anvertrauen, erfordert immer auch Mut. Immer ist es ein Sprung ins Vertrauen hinein. Manchmal fällt dieser Sprung ganz leicht und manchmal muss man sich selbst einen ziemlichen Stoß geben.

Eröffnung

Liebe Schwestern und Brüder, stellen wir unser Morgenlob unter den Namen des Vaters, des Sohnes und des Heiligen Geistes. Amen.

Hymnus, GL 423

Singen wir zum Beginn miteinander als Hymnus das Lied:
Wer unterm Schutz des Höchsten steht

Psalm 31

Lasst uns nun miteinander den Psalm 31 beten:
Gott, die sichere Zuflucht

Antiphon:
In deine Hand lege ich voll vertrauen meinen Geist.

HERR, bei dir habe ich mich geborgen. /
Lass mich nicht zuschanden werden in Ewigkeit; *
rette mich in deiner Gerechtigkeit!

Neige dein Ohr mir zu, erlöse mich eilends! *
Sei mir ein schützender Fels, /
ein festes Haus, mich zu retten!
Denn du bist mein Fels und meine Festung; *
um deines Namens willen wirst du mich führen und leiten.
Du wirst mich befreien /
aus dem Netz, das sie mir heimlich legten; *
denn du bist meine Zuflucht.
In deine Hand lege ich voll Vertrauen meinen Geist; *
du hast mich erlöst, HERR, du Gott der Treue.
Verhasst waren mir, die nichtige Götzen verehren, *
ich setze auf den HERRN mein Vertrauen.
Ich will jubeln und deiner Huld mich freuen; *
denn du hast mein Elend angesehn, /
du kanntest die Ängste meiner Seele.
Du hast mich nicht preisgegeben der Hand meines Feindes, *
du stelltest meine Füße in weiten Raum.
HERR, sei mir gnädig, denn mir ist angst; *
vor Gram sind mir Auge, Seele und Leib zerfallen.
In Kummer schwand mein Leben dahin, *
meine Jahre vor Seufzen.
Meine Kraft ist ermattet wegen meiner Sünde, *
meine Glieder sind zerfallen.
Vor all meinen Bedrängern wurde ich zum Spott, *
zum Spott sogar für meine Nachbarn.
Meinen Freunden wurde ich zum Schrecken, *
wer mich auf der Straße sieht, der flieht vor mir.
Ich bin dem Gedächtnis entschwunden wie ein Toter, *
bin geworden wie ein zerbrochenes Gefäß.
Ich hörte das Zischeln der Menge – Grauen ringsum. *
Sie taten sich gegen mich zusammen; /
sie sannen darauf, mir das Leben zu rauben.

Ich aber, HERR, ich habe dir vertraut, *
ich habe gesagt: Mein Gott bist du.
In deiner Hand steht meine Zeit; *
entreiß mich der Hand meiner Feinde und Verfolger!
Lass dein Angesicht leuchten über deinem Knecht, *
hilf mir in deiner Huld!
Lass mich nicht zuschanden werden, HERR, *
denn ich habe zu dir gerufen!
Zuschanden werden sollen die Frevler, *
sie sollen verstummen in der Totenwelt.
Jeder Mund, der lügt, soll sich schließen, *
der Mund, der frech gegen den Gerechten redet, /
hochmütig und verächtlich.
Wie groß ist deine Güte, *
die du bewahrt hast für alle, die dich fürchten;
du hast sie denen erwiesen, *
die sich vor den Menschen bei dir bergen.
Du verbirgst sie im Schutz deines Angesichts *
vor den Verschwörungen der Leute.
In einer Hütte bewahrst du sie *
vor dem Gezänk der Zungen.
Gepriesen sei der HERR, *
denn er hat seine Huld wunderbar an mir erwiesen /
in einer befestigten Stadt.
Ich aber sagte in meiner Angst: *
Ich bin verstoßen aus deinen Augen.
Doch du hast mein lautes Flehen gehört, *
als ich zu dir um Hilfe rief.
Liebt den HERRN, all seine Frommen! *
Seine Getreuen behütet der HERR, /
doch reichlich vergilt er dem, der hochmütig handelt.

Euer Herz sei stark und unverzagt, *
ihr alle, die ihr den HERRN erwartet.
Ehre sei dem Vater und dem Sohn *
und dem Heiligen Geist
wie im Anfang, so auch jetzt und allezeit *
und in Ewigkeit. Amen.

Antiphon:
In deine Hand lege ich voll Vertrauen meinen Geist.

Schriftlesung, Ijob 19,23–27

Wir hören eine Schriftlesung aus dem Buch des Propheten Ijob:

Würden meine Worte doch geschrieben, würden sie doch in ein Buch eingeritzt, mit eisernem Griffel und mit Blei, für immer gehauen in den Fels. Doch ich, ich weiß: Mein Erlöser lebt, als Letzter erhebt er sich über dem Staub. Ohne meine Haut, die so zerfetzte, und ohne mein Fleisch werde ich Gott schauen. Ihn selber werde ich dann für mich schauen; meine Augen werden ihn sehen, nicht mehr fremd. Meine Nieren verzehren sich in meinem Innern.

Gedanken in den Tag

Ijob ist in der biblischen Tradition der Inbegriff eines Menschen, der gegen alle Widrigkeiten, die einen nur treffen können, mit einer schier übermenschlichen Seelenkraft auf seinen Gott vertraut. Er hat alles verloren, er rechtet mit seinen Freunden, er beklagt sein Leben und bejammert sein Schicksal, aber er verflucht Gott nicht. Und am Ende erlöst Gott ihn tatsächlich von seinen Leiden. Sein Glück wird wiederhergestellt. Das ist ein bisschen klischeehaft, könnte man meinen. Aber der Text befasst sich bei näherem Hinsehen doch recht eingehend mit dem Problemkreis des Gottvertrauens angesichts des Leides und des Bösen in der Welt. Und am Extrembeispiel des Ijob will der Text sagen: Es lohnt sich trotz allem, sein Vertrauen in Gott zu setzen. Auch wenn das Leben schwere Zeiten über einen Menschen bringt, muss er nicht irre werden an Gott.

Jetzt bin ich nicht Ijob, ebenso wenig wie Sie. Ich weiß nicht, was Sie in Ihrem Leben schon durchmachen mussten, aber natürlich gab es in meinem wie in Ihrem Leben schöne und schlimme Erlebnisse, gute und böse Tage. Und ja, ich kenne schon die Situation, in der ich mir denke: Ach Herr, was kommt denn noch alles? Kann es nicht wieder genug sein mit den Zumutungen des Lebens? Muss das denn alles ausgerechnet mir passieren? Ich glaube, irgendwie ist das auch in Ordnung so. Menschen dürfen hadern mit ihrem Schicksal und mit ihrem Gott. Sie dürfen sich beklagen und im Gebet muss das auch alles seinen Platz haben dürfen, wenn es nicht bei einer Frömmelei bleiben soll. Zugleich nötigen mir Menschen aber sehr großen Respekt ab, die trotz schlimmer Widerfahrnisse, viel schlimmer als alles, was mir je widerfahren ist, dennoch ihr Gottvertrauen nicht verlieren. Menschen, die eine tiefe Gewissheit haben, dass Gott auch in schwersten Zeiten bei ihnen ist und sie niemals ins Nichts fallen lässt. Ich denke, für ein solches Gottvertrauen lohnt es sich immer wieder, im Gebet zu bitten – und dann muss ich wohl sehen, welche Hiobsbotschaften das Leben so bringt.

Stille

Gebet

Herr, es ist so schön,
zu dir kommen zu dürfen und zu dir zu sagen:
Ich vertraue dir,
in deine Hände lege ich meinen Geist.
Ich weiß nicht, Herr,
welche schweren Stunden
das Leben für mich noch bereithält.
Aber um dieses Vertrauen zu dir
möchte ich bitten für mich
und für alle, die in Nöten sind.
Bewahre uns im Vertrauen auf dich
und deine Güte,
die alles menschliche Verstehen übersteigt.
Amen.

Benedictus, GL 624,5 und 7

Lasst uns miteinander das Benedictus beten/singen.

Vaterunser

Sprechen wir das Gebet des Herrn.

Segensworte

Bitten wir den Herrn um seinen Segen für uns an diesem Tag.

Herr,
du naher und zugleich ferner Gott,
wir bitten dich um deinen Segen,
der uns ein Unterpfand deiner Treue sei
in den schönen
und den schweren Stunden unseres Lebens.
Das gewähre uns der dreieinige Gott,
der Vater und der Sohn und der Heilige Geist.
Amen.

Dem Sinn nachspüren

Menschen sind auf der Suche nach Sinn. Wo immer sie sich hinwenden, was auch immer sie genauer anschauen, immer stellen sie sich die Frage nach einem tieferen Sinn. Das scheint einfach zu uns Menschen zu gehören. Kein Wunder, dass wir auch in unserem Leben insgesamt nach einem tieferen Sinn Ausschau halten.

Eröffnung

Liebe Schwestern und Brüder, stellen wir unser Morgenlob unter den Namen des Vaters, des Sohnes und des Heiligen Geistes. Amen.

Hymnus, GL 386

Singen wir zum Beginn miteinander als Hymnus das Lied:
Laudate omnes gentes

Psalm 103

Lasst uns nun miteinander den Psalm 103 beten:
Loblied auf den barmherzigen und gerechten Gott

Antiphon:
Preise den HERRN, meine Seele, und vergiss nicht,
was er dir Gutes getan hat!

Preise den HERRN, meine Seele, *
und alles in mir seinen heiligen Namen!
Preise den HERRN, meine Seele, *
und vergiss nicht, was er dir Gutes getan hat!
Der dir all deine Schuld vergibt *
und all deine Gebrechen heilt,
der dein Leben vor dem Untergang rettet *
und dich mit Huld und Erbarmen krönt,
der dich dein Leben lang mit Gaben sättigt, *
wie dem Adler wird dir die Jugend erneuert.
Der HERR vollbringt Taten des Heils, *
Recht verschafft er allen Bedrängten.
Er hat Mose seine Wege kundgetan, *
den Kindern Israels seine Werke.
Der HERR ist barmherzig und gnädig, *
langmütig und reich an Huld.
Er wird nicht immer rechten *
und nicht ewig trägt er nach.
Er handelt an uns nicht nach unsern Sünden *
und vergilt uns nicht nach unsrer Schuld.
Denn so hoch der Himmel über der Erde ist, *
so mächtig ist seine Huld über denen, die ihn fürchten.
So weit der Aufgang entfernt ist vom Untergang, *
so weit entfernt er von uns unsere Frevel.
Wie ein Vater sich seiner Kinder erbarmt, *
so erbarmt sich der HERR über alle, die ihn fürchten.
Denn er weiß, was wir für Gebilde sind, *
er bedenkt, dass wir Staub sind.
Wie Gras sind die Tage des Menschen, *
er blüht wie die Blume des Feldes.
Fährt der Wind darüber, ist sie dahin; *
der Ort, wo sie stand, weiß nichts mehr von ihr.

Doch die Huld des HERRN währt immer und ewig /
für alle, die ihn fürchten. *
Seine Gerechtigkeit erfahren noch Kinder und Enkel,
alle, die seinen Bund bewahren, *
die seiner Befehle gedenken und danach handeln.
Der HERR hat seinen Thron errichtet im Himmel, *
seine königliche Macht beherrscht das All.
Preist den HERRN, ihr seine Engel, /
ihr starken Helden, die sein Wort vollstrecken, *
die auf die Stimme seines Wortes hören!
Preist den HERRN, all seine Heerscharen, *
seine Diener, die seinen Willen tun!
Preist den HERRN, all seine Werke, /
an jedem Ort seiner Herrschaft! *
Preise den HERRN, meine Seele!
Ehre sei dem Vater und dem Sohn *
und dem Heiligen Geist
wie im Anfang, so auch jetzt und allezeit *
und in Ewigkeit. Amen.

Antiphon:
Preise den HERRN, meine Seele, und vergiss nicht,
was er dir Gutes getan hat!

Schriftlesung, 1 Kön 19,10–13

Wir hören eine Schriftlesung aus dem ersten Buch der Könige:

Er sagte: Mit leidenschaftlichem Eifer bin ich für den HERRN, den Gott der Heerscharen, eingetreten, weil die Israeliten deinen Bund verlassen, deine Altäre zerstört und deine Propheten mit dem Schwert getötet haben. Ich allein bin übrig geblieben und nun trachten sie auch mir nach dem Leben. Der HERR antwortete: Komm heraus und stell dich auf den Berg vor den HERRN! Da zog der HERR vorüber: Ein starker, heftiger Sturm, der die Berge zerriss und die Felsen zerbrach, ging dem HERRN voraus. Doch der HERR war nicht im Sturm. Nach dem Sturm kam ein Erdbeben. Doch der HERR war nicht im Erdbeben. Nach dem Beben kam ein Feuer. Doch der HERR war nicht im Feuer. Nach dem Feuer kam ein sanftes, leises Säuseln. Als Elija es hörte, hüllte er sein Gesicht in den Mantel, trat hinaus und stellte sich an den Eingang der Höhle.

Gedanken in den Tag

Ich vermute, Sie kennen diese Bibelstelle. Für mich gehört sie, ganz nebenbei gesagt, zum Verblüffendsten, was die Bibel hervorgebracht hat. Inmitten einer Umwelt, in der die Bedeutung von Göttern vor allem an ihrer Kriegstauglichkeit gemessen wurde, steht da dieser Bericht. Es ist ein Bericht über eine Erscheinung Gottes, die sich nicht in mächtigem Sturm und gewaltigem Erdbeben ereignet, sondern in einem leisen Säuseln. Das ist ein ziemliches Ding! Und es ist ein Bericht über den Propheten Elija, der mit seinem Latein am Ende ist. Er hat den Israeliten mit Macht bewiesen, dass die fremden Götter nichts taugen. Aber geholfen hat es ihm am Ende nichts. Er hat die Machtspiele verloren, ist zwischen die Fronten geraten, ist auf der Flucht und weiß nicht mehr weiter. Sinn – wo soll da der Sinn sein? Gott aber lässt seinen Propheten nicht in der Sinnkrise. Er gibt ihm ein Zeichen, allerdings ein ganz unerwartetes und geradezu paradoxes Zeichen: ein sanftes, leises Säuseln! Elija aber versteht das Zeichen. Er erkennt die Anwesenheit Gottes im Säuseln. Und daraufhin erhält er den Auftrag, neue Könige und einen neuen Propheten zu salben.

Wenn man so will, dann wird ihm also der Sinn seines Schicksals offenbar.

Was heißt das jetzt für mich und für uns? Was können wir mitnehmen in den Tag?

Zum Beispiel Folgendes: Nach dem Sinn des eigenen Handelns und Wandelns zu fragen, ist die eine Sache. Das ist schon deshalb gut, weil es nun mal zu uns Menschen gehört. Aber es ist nicht hilfreich, dabei immer nur auf das zu schauen, was offen daliegt und was sich lautstark aufdrängt. Zur Sinnsuche gehört es auch, die leisen Töne und das Verborgene mit zu beachten, das, was nicht so leicht zugänglich ist. Und manchmal will es auch gar nicht gelingen, einen Sinn in allem zu sehen. Da ist man völlig perplex und hat den Eindruck, gar nichts mehr zu verstehen. Oft gelingt es erst im Nachhinein und viel später, einen Sinn zu entdecken oder zu vermuten. Der letzte Sinn aber bleibt uns Menschen tatsächlich auch verborgen. Es ist mit unserer Sinnsuche zuletzt wohl so, wie es der Theologe Karl Rahner einmal gesagt hat: Man muss das Mögliche tun und das Unmögliche Gott zutrauen – jenem Gott, der nicht im Sturm und nicht im Erdbeben anwesend war, sondern im sanften, leisen Säuseln.

Stille

Gebet

Herr, ich wünsche mir aus ganzem Herzen,
dass mein Leben einen Sinn ergibt,
dass es nicht einfach ein beliebiges Aufzucken
    von Lebendigkeit
auf einem Staubkorn im Universum ist.

Auch dass die Absurditäten des Lebenskampfes
nicht den letzten Sieg davontragen,
wünsche ich mir.
Ich wüsste keinen anderen als dich,
der mich davor bewahren
und meinem Leben Sinn geben könnte.
Deshalb komme ich zu dir,
so wie ich bin,
und setze meine Hoffnung auf dich.
Amen.

Benedictus, GL 624,5 und 7

Lasst uns miteinander das Benedictus beten/singen.

Vaterunser

Sprechen wir das Gebet des Herrn.

Segensworte

Bitten wir den Herrn um seinen Segen für uns an diesem Tag.

Der HERR segne uns und behüte uns.
Der HERR lasse sein Angesicht über uns leuchten und sei uns gnädig.
Der HERR wende sein Angesicht uns zu und schenke uns Frieden.
Das gewähre uns der dreieinige Gott,
der Vater und der Sohn und der Heilige Geist.
Amen.